HOW ENGLISH WORKS

영어의 기본 뼈대와 수식어인 살이 어떻게 붙고 작동하는지 배우는 책

영어의

뼈와 살

⟨영어의 뼈와 살⟩은 이런 책이에요.

해도 해도 끝이 없을 것 같은 명사의 복수형, 동사의 형태 변화,
법칙보다 더 많은 예외들 …

이런 것들을 하나하나 공부하려다 보니 다짐은 매번 물거품이 되고,
한 권의 영어책을 끝까지 보기는커녕,
앞에 몇 장만 보고 책을 닫아 버리기 일쑤죠.

이런 시도와 좌절이 몇 번 반복되면,
영어에 대한 전체적인 그림은 그려지지 않고 세부 사항들의 미로에 갇히게 돼요.
그 결과, 영어가 어렵고, 재미없고, 심지어 두렵게까지 느껴지게 되지요.

⟨영어의 뼈와 살⟩은
세부적인 내용이나 예외 사항들보다
영어의 기본 골격에 집중하는 책이에요.

전반적인 영어의 모양새를 아는 데 집중하기 위해,
복잡한 문법을 그대로 제시하지 않고 포인트를 세분화하여,
한 포인트당 한 줄 설명을 가볍고 빠르게 읽을 수 있어요.

영어 문장의 구조를 한눈에 볼 수 있도록, 개요도(schema)와 함께 예문을 제시해요.
이를 통해 영어에 대한 감을 잡게 되죠.

영어책 한 권 읽으면서,
많은 세부적인 내용 또는 어려운 설명 때문에 앞으로 나아가지 못했다면,
이번에는, 영어의 뼈대와 수식하는 살을 구분하여 보며
어떻게 영어가 작동하는지를 완벽하게 습득하시길 바라요.

"영어의 맥"을 잡는 기초 문법 위주 학습

영어 문장이 어떻게 구성되어 있는지 익힐 수 있도록
문장을 구성하는 가장 기본 요소인 '주어, 동사, 목적어, 보어'와
그 자리에 들어가는 말(품사)에 대해 알려주는 목차로 구성했어요.

한 단계 더 들어간 세부 문법이나 예외 사항들은 가급적 제외하고
기초 문법 위주로 학습하여,
영어의 전체적인 맥을 쉽고 빠르게 잡을 수 있도록 하였어요.

Feature 02
"한 줄 설명"을 수필 읽듯 가볍게

다른 영어 문법책에서 흔히 볼 수 있는,
한 페이지에 가득 집약되고 정리된 설명 방식으로 제시하지 않아요.

꼭 필요한 규칙들만 하나하나 풀어서 설명하므로,
쉽고 빠르게 이해할 수 있어요.

한 포인트당 한 줄 설명을
수필집을 읽듯이 가볍게 읽어 나가다 보면,
복잡할 것만 같았던 영어의 규칙들이 머릿속에 그려지실 거예요.

"영어 문장 개요도"로 영어의 구조 이해

문장의 기본적인 구성 요소인
'주어, 동사, 목적어, 보어', 이 4가지로 구성된
문장의 개요도(schema) 안에 한 줄 설명에 대한 예문이 들어 있어요.

각각의 문법 포인트를 배우고
한눈에 들어오는 개요도로 예문을 읽으면,
영어의 구조를 이미지로 인식하게 되고
영어를 이해하는 데 훨씬 더 도움이 돼요.

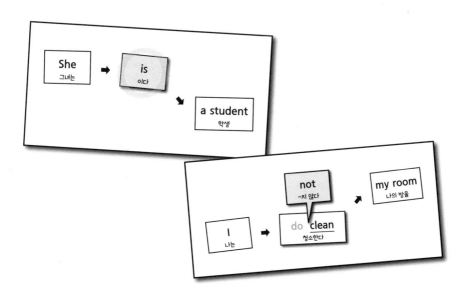

Feature 04
〈확인 문제〉로 다시 한번 개념 잡기

한 줄 설명 이후에 확인 문제가 기다리고 있어요.
하지만 '틀리면 어쩌지?' 걱정하지 마세요.

확인 문제는 얼마나 잘 이해를 했는지 확인하고자 함이 아니라,
앞서 읽은 한 줄 설명을 문제를 통해 다시 한번 익히는 과정이에요.

각 챕터의 중요 포인트를 요약한 해설을 참고하여
문제를 해결하는 과정을 거치면
영어의 개념을 잡는 데 더욱 도움이 되겠죠?

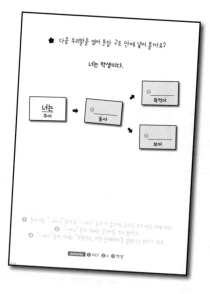

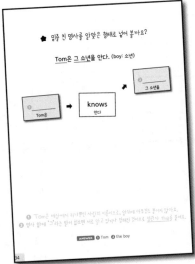

〈개념 요약 및 확인〉으로 한눈에 정리

한 줄 설명으로 술술 읽었던 내용이
낱개로 흩어지는 것을 방지하기 위해서,
각 챕터 마지막에 〈개념 요약〉을 한 페이지로 정리해 놓았어요.

각각의 목차에 대해 전체적인 그림을 그릴 수 있는지
확인하는 과정까지 거치면
진짜 영어의 맥을 제대로 잡을 수 있겠죠?

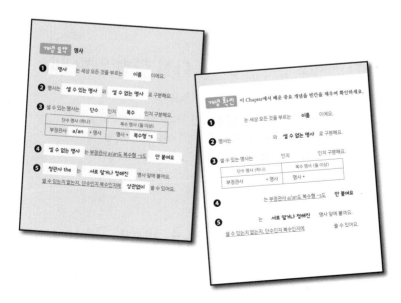

〈영어의 뼈와 살〉은 이렇게 공부하세요.

1 빠르게 3번 이상 일독하세요.

이 책은 영어의 맥을 잡는 데 도움이 되도록 기획되었어요.
그래서 전체를 한 번에 읽어야 영어에 대한 기본적이고 전반적인 감이 생길 수 있어요.
하지만 한 번 읽는 것으로는 부족할 수 있으니,
최소 3번을 빠르게 일독하시길 권해요.

2 공부하지 말고, 수필을 읽듯이 가볍게 읽으세요.

위에서 언급했듯이, 이 책은 영어의 감을 익히는 책이에요.
그래서 세부 문법이나 예외 사항들까지 세세히 다루지 않고
가장 기초적인 부분들을 가볍게 읽으며 이해하도록 하였으니,
술술 읽어 나가며 영어가 어떻게 작동하는지를 파악하면 돼요.

3 확인 문제로 중요 포인트를 다시 한번 익히세요.

확인 문제는 배운 내용을 확인하는 과정이 아니라,
읽었던 내용을 다시 한번 문제의 형식을 통해 읽도록 하는 장치예요.
문제의 아래에 나온 해설을 참고해 가볍게 문제를 풀다 보면,
중요 포인트를 다시 한번 익히게 돼요.

4 이 책을 마스터한 후, 또 다른 책으로 공부해 보세요.

이 책은 예외적이고 상세한 사항들을 일부러 생략해 놓았어요.
한 권을 빠르게 읽고 영어의 감을 잡도록 하게 하기 위함이죠.
이 책으로 영어의 전반적인 맥을 잡고 나면,
다른 영어 (문법)책으로 세부 규칙들을 공부하는 데 많은 도움이 되실 거예요.

✿ 영어의 뼈와 살 목차 ✿

시작하기 전에 꼭 알아야 할 사항

문장의 구성

문장은 '누가, 무엇을, 한다'와 같은 몇 가지 말로 이루어져 있어요.
그중에서 문장을 구성하는 <u>기본적인 4가지 성분</u>을 중심으로
<u>영어의 기초</u>를 알아보려 해요.

아래 그림은 이 책에서 계속 사용하게 될 <u>개요도(schema)</u>로,
4가지 성분이 문장에서 어떻게 구성되어 있는지를 보여 주고 있어요.

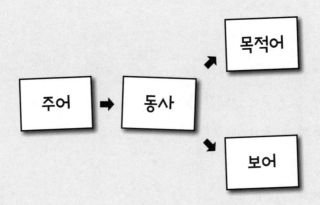

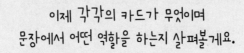

이제 각각의 카드가 무엇이며
문장에서 어떤 역할을 하는지 살펴볼게요.

『 문장을 구성하는 기본 4가지 성분 중,

주어는 누가 하는지, 무엇이 그런지에

해당하는 말로 문장의 주인공이에요. 』

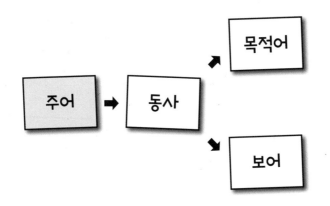

| 우리는 | 영어를 공부한다. '누가' 공부하지? ➡ 우리 |

| 책은 | 선생이다. '무엇이' 선생이지? ➡ 책 |

『**동사**는 <u>주어가 무엇을 하는지, 무엇인지를 설명하는 말</u>로, 우리말과는 달리, **주어 바로 뒤**에 써요. 』

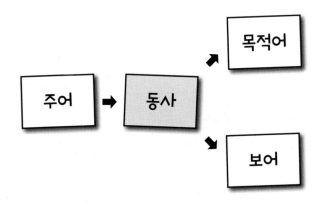

우리는 영어를 | 공부한다 |. 우리말 ➡ [주어] + 나머지 말 + [동사]

We | study | English. 영어 ➡ [주어] + [동사] + 나머지 말

『 동사는 '~하다'와 '~이다' 2가지가 있어요. 』

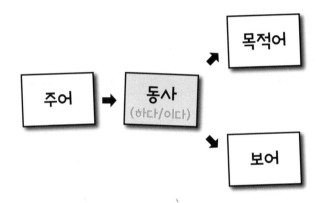

우리는 공부한다 영어를. 주어가 '~하다' ➡ 동작, 행동, 일

책은 이다 선생. 주어가 '~이다' ➡ 상태, 신분, 성질, 모양 등

『 '~하다' 동사 뒤에는
무엇을 하는지를 말해 주는 **목적어**를 쓸 수 있어요. 』

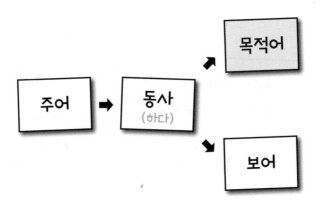

우리는 공부한다 | 영어를 |. '무엇을' 공부하는지 ➡ 영어 (목적어)

나는 마신다 | 우유를 |. '무엇을' 마시는지 ➡ 우유 (목적어)

『 '~이다' 동사 뒤에는

<u>무엇인지, 어떤 상태인지</u> 말해 주는 **보어**를 써야 해요. 』

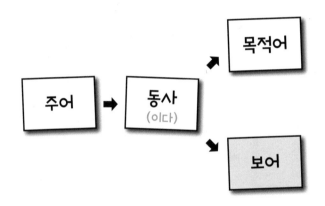

책은 <u>이다</u> 선생 . 무엇인지, 어떤 상태인지 ➡ 선생 (보어)

나는 <u>이다</u> 행복한 . 무엇인지, 어떤 상태인지 ➡ 행복한 상태 (보어)

✿ 다음 우리말을 영어 문장 구조 안에 넣어 볼까요?

너는 학생이다.

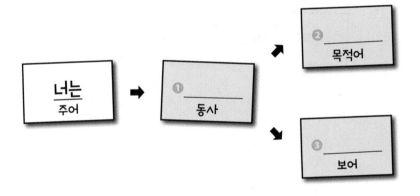

너는
주어

➊ _____
동사

➋ _____
목적어

➌ _____
보어

➊ 동사에는 '~하다' 동사와 '~이다' 동사가 있으며, 동사는 주어 바로 뒤에 써요.
➋ '~이다' 동사 뒤에는 목적어를 쓰지 않아요.
➌ '~이다' 동사 뒤에는 '무엇인지, 어떤 상태인지'를 설명하는 보어가 와요.

★ 다음 우리말을 영어 문장 구조 안에 넣어 볼까요?

선생님은 우리를 가르친다.

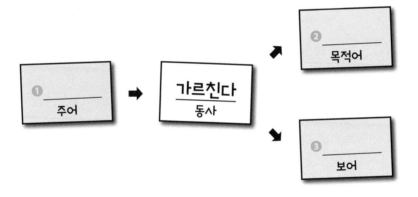

① _____
주어

➡ 가르친다
동사

↗ ② _____
목적어

↘ ③ _____
보어

① 문장에서 '누가 하는지, 무엇이 그런지'에 해당하는 말이 주어예요.
② '가르친다'는 '~하다' 동사로 무엇을 가르치는지 말해 주는 목적어가 필요해요.
③ '~하다' 동사 뒤에는 보어를 쓰지 않아요.

ANSWER ① 선생님은 ② 우리를 ③ x

★ 다음 우리말을 영어 문장 구조 안에 넣어 볼까요?

그 선생님은 바쁘다.

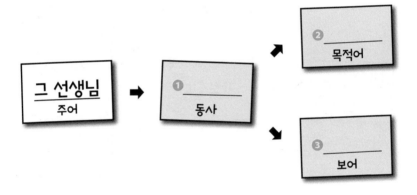

① "바쁘다"는 행동이나 동작이 아니에요. "바쁜 (상태) + 이다"예요.
② "~이다" 동사 뒤에는 목적어를 쓰지 않아요.
③ "~이다" 동사 뒤에는 "무엇인지, 어떤 상태인지"를 설명하는 보어가 와요.

ANSWER ❶ 이다 ❷ x ❸ 바쁜

★ 다음 우리말을 영어 문장 구조 안에 넣어 볼까요?

저 학생은 수학을 좋아한다.

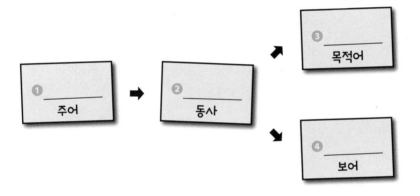

❶ 문장에서 "누가 하는 지, 무엇이 그런지"에 해당하는 말이 주어예요.
❷ 주어가 하는 행동이나 일, 또는 주어가 무엇인지를 설명하는 말이 동사예요.
❸ "~하다" 동사 뒤에는 "무엇을" 좋아하는지 목적어를 써요.
❹ "~하다" 동사 뒤에는 보어를 쓰지 않아요.

ANSWER ❶ 저 학생은 ❷ 좋아한다 ❸ 수학을 ❹ x

❶ 문장을 구성하는 기본 4가지 성분에는   **주어**   ,   **동사**   ,

   목적어   ,   **보어**   가 있어요.

❷   **주어**   는 문장의 주인공으로, <u>누가 하는지, 무엇이 그런지</u> 알려 주는 말이에요.

❸   **동사**   는 <u>주어가 무엇을 하는지, 무엇인지</u> 설명하는 말로,

   주어 바로 뒤   에 써요.

' **~하다** ' 동사	' **~이다** ' 동사
주어의 행동 (무엇을 하는지)	주어의 상태 (무엇인지, 어떤 상태인지)

❹ <u>'~하다' 동사</u> 뒤에서   **무엇을**   하는지 알려 주는 말이   **목적어**   예요.

❺ <u>'~이다' 동사</u> 뒤에서   **무엇인지**   ,   **어떤 상태인지**   알려 주는 말이

   보어   예요.

우리말과 영어의 비교

우리말과 달리, 영어는 동사를 주어 바로 뒤에 써요.

나는	TV를	본다

I	watch	TV

〈문장의 구성〉에서 배운 중요 개념을 빈칸을 채우며 확인하세요.

❶ 문장을 구성하는 기본 4가지 성분에는 ⬚⬚⬚⬚⬚⬚⬚ , ⬚⬚⬚⬚⬚⬚⬚ ,

   목적어 , **보어** 가 있어요.

❷ **주어** 는 문장의 주인공으로, <u>누가 하는지, 무엇이 그런지</u> 알려 주는 말이에요.

❸ ⬚⬚⬚⬚⬚⬚⬚ 는 <u>주어가 무엇을 하는지, 무엇인지</u> 설명하는 말로,

   주어 바로 뒤 에 써요.

' ⬚⬚⬚⬚ ' 동사	' ⬚⬚⬚⬚ ' 동사
주어의 행동 (무엇을 하는지)	주어의 상태 (무엇인지, 어떤 상태인지)

❹ <u>'~하다' 동사</u> 뒤에서 **무엇을** 하는지 알려 주는 말이 ⬚⬚⬚⬚ 예요.

❺ <u>'~이다' 동사</u> 뒤에서 **무엇인지** , **어떤 상태인지** 알려 주는 말이

   ⬚⬚⬚⬚ 예요.

우리말과 영어의 비교

우리말과 달리, 영어는 동사를 주어 바로 뒤에 써요.

| 나는 | TV를 | 본다 | . |

| I | | TV | . |

CHAPTER 01

명사

명사는 '이름 명(名)'과 '말 사(詞)'로, '사람, 사물의 이름을 나타내는 말'이란 의미예요.

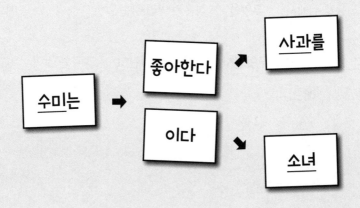

밑줄 친 단어가 **명사**로,
동사를 제외한 모든 자리에 명사를 쓸 수 있어요.

『 자, 이제 명사 자리의 우리말을 <u>영어로 바꾸면</u>

어떻게 되는지 볼까요? 』

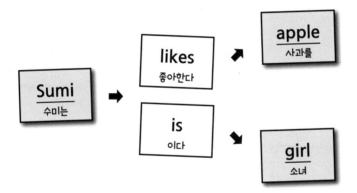

『 Sumi는 영어로만 바꾸면 되는데,
apple과 girl은 영어 단어만 바뀐다고 되는 게 아니네요.
왜일까요? 』

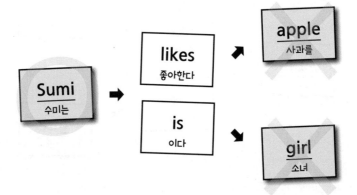

『 먼저, 영어에서는 명사를

셀 수 있는지, 없는지 구분해야 해요. 』

셀 수 있는 명사 (사과 하나, 둘, 셋, ...)

셀 수 없는 명사 (물)

• 셀 수 있는지, 없는지를 구분하는 이유는
그에 따라서 명사에 붙이는 말들이 있기 때문이에요.

『 셀 수 <u>있는</u> 명사라면,
단수인지 **복수**인지 구분하고요. 』

단수 (하나)　　　　복수 (둘 이상)

명사 5

『 셀 수 있는 <u>단수 명사</u> 앞에는

a 또는 an을 붙여요. 』

an apple
하나의 사과

셀 수 있는 단수 (하나의 사과)

a girl
한 소녀

셀 수 있는 단수 (한 소녀)

❍ 명사에 붙이는 a/an은 '부정관사'로, 정해지지 않은 것 하나라는 의미예요.
❍ 명사의 발음이 모음(a, e, i, o, u)으로 시작하면 an을 붙이고, 나머지는 a를 붙여요.
an e<u>gg</u> (달걀 한 개) / a <u>b</u>oy (소년 한 명)

『 '수미'는 한 명의 소녀이므로

아래 문장의 girl은 **a girl**로 써야 해요. 』

Sumi
수미는

likes
좋아한다

apple
사과를

is
이다

a girl
소녀 (한 명)

명사 7

『 그리고, 셀 수 있는 복수 명사는 끝에
복수형 -s를 붙여요. 』

셀 수 있는 복수 (사과들)

셀 수 있는 복수 (소녀들)

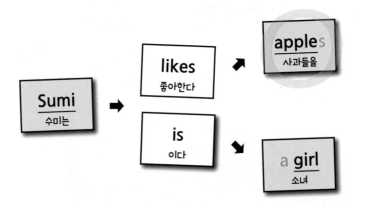

명사 8

『 '수미'는 <u>사과들</u>을 좋아하는 것이므로

아래 문장의 apple은 apple<u>s</u>라고 써야 해요. 』

- -s 이외에도 -es, -ies, -ves를 붙이거나, 형태가 변하는 복수형도 있어요.
(p. 313~319 참고)

🥔 명사 9

『 이름과 같이 세상에 하나뿐이거나,

물과 같이 **셀 수 없는 명사**에는

부정관사도 복수형 -s도 안 붙여요. 』

진수

세상에 하나뿐인 이름 (진수)

셀 수 없는 명사 (물)

- '세상에 하나뿐인 이름, 물과 공기 같이 형태가 없는 것,
추상적인 개념이나 감정 등'이 셀 수 없는 명사에 해당해요.
Jinsu (진수), water (물), air (공기), juice (주스), salt (소금), love (사랑), hope (희망)

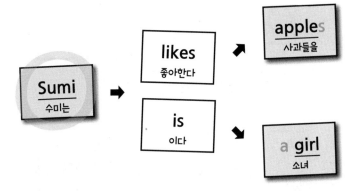

명사 10

『 '수미'는 세상에 하나뿐인 사람이므로

앞뒤에 아무것도 안 붙이고 그냥 써요. 』

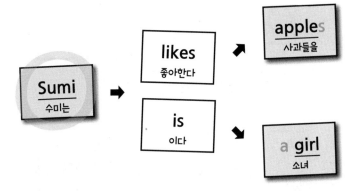

『 만약 '그 사과들, 그 소녀'와 같이
서로 알거나, 정해진 것일 때는
명사 앞에 the를 붙여요. 』

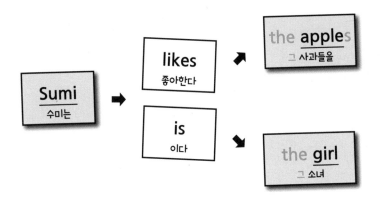

○ 정관사 the는 우리말로 '그'라고 해석하고,
단수 명사, 복수 명사, 셀 수 없는 명사에 상관없이, 명사 앞에 붙일 수 있어요.

🌸 밑줄 친 명사를 알맞은 형태로 넣어 볼까요?

Tom은 그 소년을 안다. (boy: 소년)

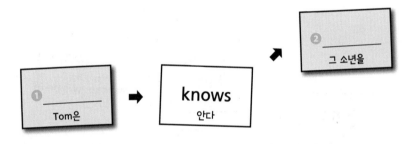

① _____
Tom은

➡️

knows
안다

↗️

② _____
그 소년을

① Tom은 세상에서 하나뿐인 사람의 이름이므로, 앞뒤에 아무것도 붙이지 않아요.
② 명사 앞에 '그'라는 말이 있으면 서로 알고 있거나 정해진 것이므로 정관사 the를 붙여요.

ANSWER ① Tom ② the boy

⭐ 밑줄 친 명사를 알맞은 형태로 넣어 볼까요?

<u>그 새들</u>은 <u>둥지(하나)</u>를 원한다. (bird: 새, nest: 둥지)

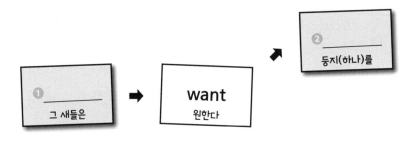

① 셀 수 있는 복수 명사는 끝에 <u>-s</u>를 붙이고,
명사 앞에 '그'라는 말이 있으면 서로 알고 있거나 정해진 것이므로 <u>정관사 the</u>를 붙여요.
② 셀 수 있는 단수 명사는 앞에 <u>부정관사 a/an</u>을 붙여요.
발음이 모음으로 시작하면 <u>an</u>을, 나머지는 <u>a</u>를 써요.

ANSWER ① The birds ② a nest

★ 밑줄 친 명사를 알맞은 형태로 넣어 볼까요?

<u>그 동물은</u> <u>코끼리</u>이다. (animal: 동물, elephant: 코끼리)

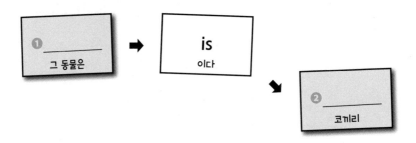

❶ _____
그 동물은

→ **is**
이다

❷ _____
코끼리

❶ 명사 앞에 '그'라는 말이 있으면 서로 알고 있거나 정해진 것이므로 <u>정관사 the</u>를 붙여요.
❷ 주어가 단수이면 보어도 단수로 써요. 단수 명사 앞에는 부정관사 a/an을 붙여요.

ANSWER ❶ The animal ❷ an elephant

★ 밑줄 친 명사를 알맞은 형태로 넣어 볼까요?

<u>그 통</u>은 <u>주스</u>이다. (bottle: 통, juice: 주스)

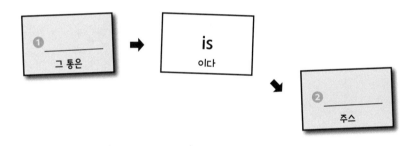

❶ 명사 앞에 '그'라는 말이 있으면 서로 알고 있거나 정해진 것이므로 정관사 the를 붙여요.
❷ 셀 수 없는 명사는 아무것도 붙이지 않고 그대로 써요.

ANSWER ❶ The bottle ❷ juice

명사

1 명사 는 세상 모든 것을 부르는 이름 이에요.

2 명사는 셀 수 있는 명사 와 셀 수 없는 명사 로 구분해요.

3 셀 수 있는 명사는 단수 인지 복수 인지 구분해요.

단수 명사 (하나)	복수 명사 (둘 이상)
부정관사 a/an + 명사	명사 + 복수형 -s

4 셀 수 없는 명사 는 부정관사 a/an도 복수형 -s도 안 붙여요 .

5 정관사 the 는 서로 알거나 정해진 명사 앞에 붙여요.

<u>셀 수 있는지 없는지, 단수인지 복수인지에</u> 상관없이 쓸 수 있어요.

우리말과 영어의 비교

우리말과 달리, 영어는 명사의 단수와 복수를 꼭 구분해서 써요.

	단수	복수
우리말	**연필** 좀 빌려줘.	**연필** 많이 있어.
영어	Lend me **a pencil** .	I have many **pencils** .

❶ 　　　　　　 는 세상 모든 것을 부르는 　**이름**　 이에요.

❷ 명사는 　　　　　　 와 **셀 수 없는 명사** 로 구분해요.

❸ 셀 수 있는 명사는 　　　　　 인지 　　　　　 인지 구분해요.

단수 명사 (하나)	복수 명사 (둘 이상)
부정관사　　　　+ 명사	명사 +

❹ 　　　　　　 는 부정관사 a/an도 복수형 -s도 **안 붙여요** .

❺ 　　　　　 는 **서로 알거나 정해진** 명사 앞에 붙여요.

셀 수 있는지 없는지, 단수인지 복수인지에 　　　　　 쓸 수 있어요.

우리말과 영어의 비교

우리말과 달리, 영어는 명사의 단수와 복수를 꼭 구분해서 써요.

	단수	복수
우리말	**연필** 좀 빌려줘.	**연필** 많이 있어.
영어	Lend me 　　　　　.	I have many 　　　　　.

CHAPTER 02

대명사 I

대명사의 '대(代)'는 '대신한다'는 뜻으로, 명사를 대신해서 쓰는 말이에요.

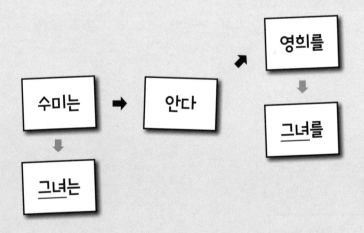

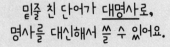

밑줄 친 단어가 <u>대명사</u>로,
명사를 대신해서 쓸 수 있어요.

『 우리말 대명사를 영어로 바꿔 쓰면,

'그녀는'은 she가 맞지만, '그녀를'은 she가 아니네요.

왜일까요? 』

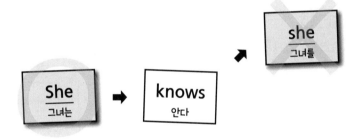

『 우선, 사람과 사물의 <u>이름을 대신해서</u> 쓰는 대명사를
인칭 대명사 라고 하는데요. 』

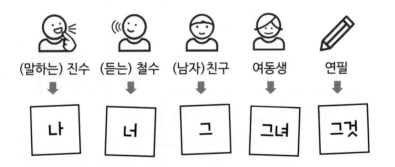

(말하는) 진수	(듣는) 철수	(남자)친구	여동생	연필
나	너	그	그녀	그것

• 인칭이란 '사람을 칭하다, 부르다'라는 의미이지만,
사람뿐 아니라, 사물까지 포함해서 <u>무언가의 이름을 대신하는 말</u>을 인칭 대명사라고 해요.

『 우리말은 '그녀'라는 인칭 대명사를
주어 자리에 쓸 때는 뒤에 '는'을 붙이고
목적어 자리에 쓸 때는 '를'을 붙이지만, 』

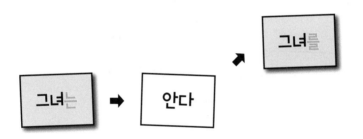

『 영어는 <u>주어 자리에 쓰는</u> '그녀'와
<u>다른 자리에 쓰는</u> '그녀'가 달라요. 』

her
그녀를

She
그녀는

knows
안다

『 주어 자리에 쓰는 인칭 대명사를
주격 인칭 대명사라고 하고요. 』

her
그녀를

She
그녀는

knows
안다

『 그 밖의 자리에 쓰는 인칭 대명사를

목적격 인칭 대명사라고 해요. 』

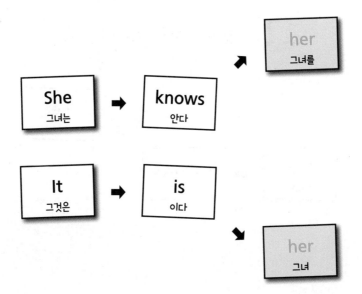

She
그녀는

knows
안다

her
그녀를

It
그것은

is
이다

her
그녀

『 주격과 목적격 인칭대명사를
자리에 맞게 쓸 수 있도록 비교해서 알아 두세요. 』

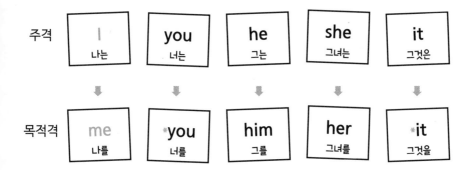

주격	I 나는	you 너는	he 그는	she 그녀는	it 그것은
	⬇	⬇	⬇	⬇	⬇
목적격	me 나를	*you 너를	him 그를	her 그녀를	*it 그것을

* 주격과 목적격은 서로 형태가 다르지만,
you와 it은 형태가 같다는 걸 예외로 알아 두세요.

『 **복수** 인칭 대명사의 주격과 목적격도

자리에 맞게 쓸 수 있도록 비교해서 알아 두세요. 』

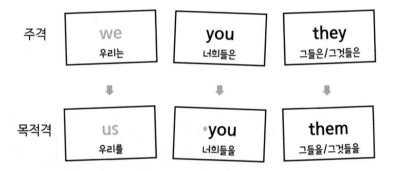

| 주격 | we 우리는 | you 너희들은 | they 그들은/그것들은 |

| 목적격 | us 우리를 | *you 너희들을 | them 그들을/그것들을 |

* you는 단수일 때는 '너',
복수일 때는 '너희들'이라는 의미를 가져요.

『 시간, 날씨 등을 말할 때, it을 주어로 쓰지만,

'그것'이라고 해석하지 않아요. 』

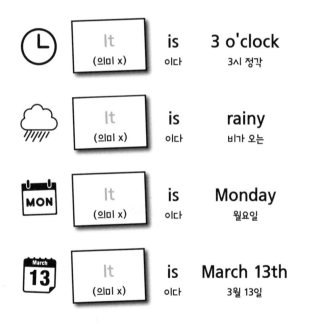

It (의미 x)	is 이다	3 o'clock 3시 정각
It (의미 x)	is 이다	rainy 비가 오는
It (의미 x)	is 이다	Monday 월요일
It (의미 x)	is 이다	March 13th 3월 13일

◉ 이때 it은 인칭 대명사처럼 칭하거나 부르는 대상이 없어,
'아닐 비(非)'를 앞에 붙여 비인칭 대명사라고 하며, 해석하지 않아요.

『 무언가를 가리킬 때 쓰는 대명사를
지시 대명사라고 해요. 』

this
이것

가까운 것을 가리킬 때

that
저것

먼 것을 가리킬 때

『 가리키는 대상이 둘 이상(복수)이면

복수 지시 대명사를 써요. 』

these
이것들

가까운 것들을 가리킬 때

those
저것들

먼 것들을 가리킬 때

『 가리키는 대상이 사람일 때는
'이쪽[이분], 저쪽[저분]'과 같이 해석해요. 』

this
이쪽, 이분, 이 사람

가까운 쪽의 사람을 가리킬 때

that
저쪽, 저분, 저 사람

먼 쪽의 사람을 가리킬 때

▶ 복수(둘 이상)의 사람들을 가리킬 때는
these(이분들), those(저분들)를 써요.

✿ 밑줄 친 인칭 대명사를 알맞은 형태로 넣어 볼까요?

그는 그녀를 좋아한다.

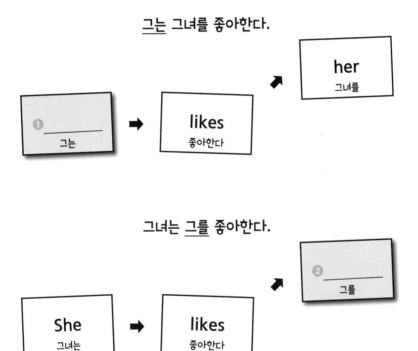

그녀는 그를 좋아한다.

① 주어 자리에 쓰는 주격 대명사는 I, you, he, she, it, we, they예요.
② 그 밖의 자리에 쓰는 목적격 대명사는 me, you, him, her, it, us, them이에요.

ANSWER ① He ② him

⭐ 밑줄 친 인칭 대명사를 알맞은 형태로 넣어 볼까요?

그들은 나를 안다.

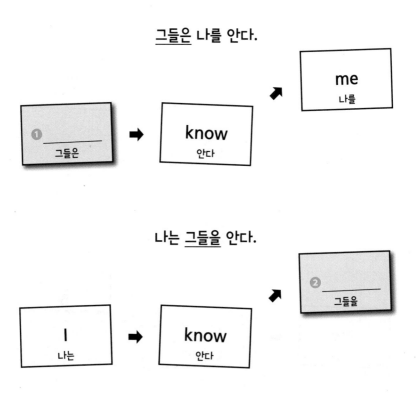

		me
❶ _____	know	나를
그들은	안다	

나는 **그들을** 안다.

I	know	❷ _____
나는	안다	그들을

❶ 주어 자리에 쓰는 주격 대명사는 I, you, he, she, it, we, they예요.

❷ 그 밖의 자리에 쓰는 목적격 대명사는 me, you, him, her, it, us, them이에요.

ANSWER ❶ They ❷ them

⭐ 알맞은 인칭 대명사를 넣어 볼까요?

그것은 나의 자리이다.

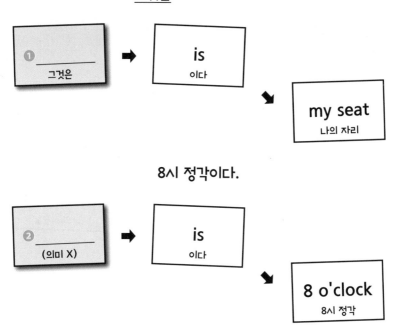

① _____
그것은

➡️ **is**
이다

my seat
나의 자리

8시 정각이다.

② _____
(의미 X)

➡️ **is**
이다

8 o'clock
8시 정각

---

① 주어 자리에 쓰는 주격 대명사는 I, you, he, she, it, we, they예요.
② 날씨, 시간, 날짜, 요일 등을 말할 때는 비인칭 대명사 it을 주어로 써요.
이때 it은 '그것'이라고 해석하지 않아요.

ANSWER **①** It **②** It

⭐ 밑줄 친 인칭 대명사를 알맞은 형태로 넣어 볼까요?

__이분들은__ 나의 사촌들이다.

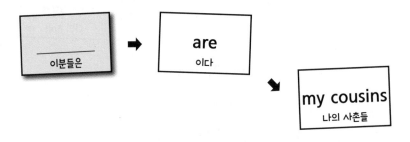

| | | |
| 이분들은 | → | are
이다 |

↘ my cousins
나의 사촌들

사물, 사람을 가리키며, "이것, 이쪽(이분)"이라고 할 때,
대상이 단수이면 this를, 복수이면 these를 써요.
보어가 단수이면 주어도 단수, 보어가 복수이면 주어도 복수예요.

ANSWER These

대명사 1 (인칭 대명사, 지시 대명사)

① **인칭 대명사** 는 사람, 사물의 이름을 대신해서 쓰는 대명사예요.

② 인칭 대명사는 <u>주어 자리</u>에 오는 **주격** 인칭 대명사와,

<u>그 밖의 자리</u>에 오는 **목적격** 인칭 대명사가 있어요.

주격	목적격	주격	목적격
I 나는	**me** 나를	**we** 우리는	**us** 우리를
you 너는	**you** 너를	**you** 너희들은	**you** 너희들을
he 그는	**him** 그를	**they** 그들은 그것들은	**them** 그들을 그것들을
she 그녀는	**her** 그녀를		
it 그것은	**it** 그것을		

③ 시간, 날씨, 요일, 날짜를 말할 때는 주어 자리에 **비인칭 대명사 it** 을 써요.
이때 it은 해석하지 않아요.

④ **지시 대명사** 는 무언가를 가리킬 때 쓰는 대명사예요.

	<u>가까운</u> 사물, 사람	<u>먼</u> 사물, 사람
단수	**this** 이것, 이분	**that** 저것, 저분
복수	**these** 이것들, 이분들	**those** 저것들, 저분들

❶ _____ 는 사람, 사물의 이름을 대신해서 쓰는 대명사예요.

❷ 인칭 대명사는 <u>주어 자리</u>에 오는 _____ 인칭 대명사와,

그 밖의 자리에 오는 _____ 인칭 대명사가 있어요.

주격	목적격	주격	목적격
I 나는	나를	우리는	**us** 우리를
너는	**you** 너를	**you** 너희들은	너희들을
he 그는	그를	**they** 그들은 그것들은	그들을 그것들을
그녀는	**her** 그녀를		
it 그것은	**it** 그것을		

❸ <u>시간, 날씨, 요일, 날짜</u>를 말할 때는 주어 자리에 _____ 을 써요.
이때 it은 해석하지 않아요.

❹ **지시 대명사** 는 무언가를 가리킬 때 쓰는 대명사예요.

	<u>가까운</u> 사물, 사람	<u>먼</u> 사물, 사람
단수	이것, 이분	**that** 저것, 저분
복수	**these** 이것들, 이분들	저것들, 저분들

CHAPTER 03

일반동사

동사(動詞)의 '동(動)'은 움직인다는 뜻으로, 주어의 움직임과 상태를 나타내는 말이에요.
일반동사는 그중에서 움직임(~하다)을 나타내는 동사예요.

그녀는 ➡ 배운다 ➡ 영어를

밑줄 친 단어가 일반동사로,
주어가 무엇을 하는지 말해 줘요.

『 자, '~하다' 동사인 <u>learn(배우다)</u>을
동사의 자리에 넣어 볼까요? 』

English
영어를

She		learn
그녀는		배운다

○ '~하다'의 뜻이고, 행동을 나타내는 동사를 <u>일반동사</u>라고 해요.

『 이때는 동사의 원래 형태대로 쓰지 않아요.
왜 그럴까요? 』

She		learn		English
그녀는	➡	배운다	↗	영어를

➡ 동사의 원래 형태를 동사원형이라고 해요.

『우리말의 경우, 사전에 나오는 <u>동사원형</u>은 ʻ배우다ʼ이지만,

현재 시제로 쓸 때는 ʻ배운다ʼ라고 변화시켜요.』

English
영어를

She
그녀는

learn
배운다

• 주어가 언제 그 행동을 하는지 시간적 위치를 나타내는 것을 <u>시제</u>라고 해요.
시제에는 현재, 과거, 미래 등이 있어요.

『 영어의 경우, 동사원형은 'learn'이고,

현재형은 'learn / learns' 중 하나를 쓰는데요. 』

She
그녀는

→

learn / learns
배운다

↗

English
영어를

『주어가 *3인칭 단수일 때는
동사원형에 -s를 붙여서 써요.』

English
영어를

She
그녀는

learns
배운다

• 3인칭 단수 주어일 때 동사에 -s 이외에도 -es, -ies를 붙이는 경우도 있어요.
(p. 320~323 참고)

『 주어가 3인칭 단수라는 것은 <u>나(I), 네(you)를 제외한</u>

제3의 하나가 문장의 주어라는 뜻이에요. 』

learns
배운다

3인칭 단수 주어 (그는, 그녀는, 그것은, ...) + 동사원형-s

『 <u>3인칭 단수 이외의 주어</u>일 때는
동사원형을 동사의 현재형으로 써요. 』

그 밖의 모든 주어(나, 너, 그들, 그것들, ...)

+ 동사원형

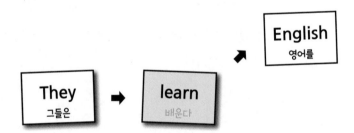

❀ 밑줄 친 동사를 알맞은 형태로 넣어 볼까요?

민수는 아침을 <u>먹는다</u>. (eat: 먹다)

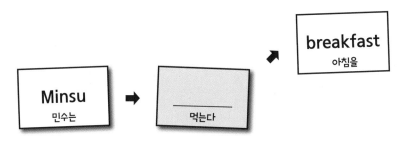

현재 시제는 3인칭 단수 주어일 때 동사원형 + -s,
그 밖의 모든 주어일 때는 동사원형을 써요.

ANSWER eats

✿ 밑줄 친 동사를 알맞은 형태로 넣어 볼까요?

그들은 야구를 <u>한다</u>. (play: (게임을) 하다)

동사의 현재형은 주어에 따라 <u>동사원형</u> 또는 <u>동사원형 + -s</u>를 써요.

ANSWER play

★ 밑줄 친 동사를 알맞은 형태로 넣어 볼까요?

그 남자는 스페인어를 <u>말한다</u>. (speak: 말하다)

Spanish
스페인어를

The man
그 남자는

_____
말한다

동사의 현재형은 주어에 따라 <u>동사원형</u> 또는 <u>동사원형 + -s</u>를 써요.

ANSWER speaks

★ 밑줄 친 동사를 보고 알맞은 주어를 골라 볼까요?

_____ 그 가게를 <u>안다</u>.

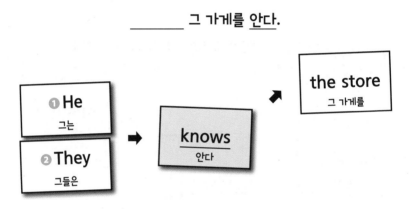

the store
그 가게를

❶ He
그는

❷ They
그들은

knows
안다

동사의 형태를 보고, 주어가 3인칭 단수인지 그 밖의 주어인지 알 수 있어요.

ANSWER ❶ He

1 ~하다 의 뜻이고 주어의 행동을 나타내는 동사를 일반동사 라고 해요.

2 언제 그 행동을 하는지, 그 시점인 시제 를 동사 로 표현해요.

3 일반동사의 현재 시제는 주어 에 따라 다르게 써요.

일반 주어	동사원형
3인칭 단수 주어	동사원형 + -s

4 3인칭 단수 주어는 '나(I), 너(You)'를 제외한 ' 제3의 하나 '를 뜻해요.

나 (말하는 사람 자신)	너 (듣는 상대)	제3자, 제3의 것
1인칭 단수	2인칭 단수	3인칭 단수

우리말과 영어의 비교

동사의 현재형을 쓸 때, 우리말과 영어의 동사 변화 차이를 알아 두세요.

우리말		영어	
동사원형	현재형	동사원형	현재형
배우다	배운다	learn	learn / learns

이 Chapter에서 배운 중요 개념을 빈칸을 채우며 확인하세요.

1 ~하다 의 뜻이고 주어의 <u>행동</u>을 나타내는 동사를 _____ 라고 해요.

2 언제 그 행동을 하는지, 그 시점인 **시제** 를 _____ 로 표현해요.

3 일반동사의 현재 시제는 **주어** 에 따라 다르게 써요.

일반 주어	
3인칭 단수 주어	

4 _____ 주어는 '나(I), 너(You)'를 제외한 ' **제3의 하나** '를 뜻해요.

나 (말하는 사람 자신)	너 (듣는 상대)	제3자, 제3의 것
1인칭 단수	**2인칭** 단수	단수

동사의 현재형을 쓸 때, 우리말과 영어의 동사 변화 차이를 알아 두세요.

우리말		영어	
동사원형	현재형	동사원형	현재형
배우다		**learn**	

CHAPTER 04

be동사

be동사는 동사의 하나로,
행동(~하다)이 아닌, 주어가 '~이다'라고 말하는 동사예요.

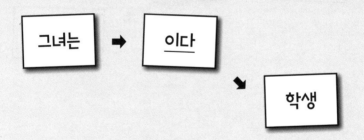

그녀는 → 이다

학생

밑줄 친 단어가 <u>be동사</u>로,
주어가 무엇인지를 말해 줘요.

『 자, '~이다' 동사인 <u>be</u>(이다)를
동사의 자리에 넣어 볼까요? 』

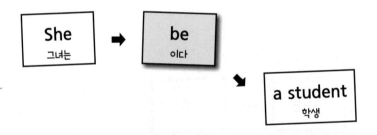

She
그녀는

→

be
이다

↘

a student
학생

'~이다'의 뜻이고, 상태, 성질, 모양, 신분 등을 나타내는 동사를 <u>be동사</u>라고 해요.

『 be동사는 현재 시제일 때 동사원형을 쓰지 않아요.

그럼, be동사의 현재형은 무엇일까요? 』

She
그녀는

be
이다

a student
학생

『 현재 '~이다'를 표현하는 **현재 시제**로 쓸 때는
'am / are / is' 중 하나를 쓰는데요. 』

She 그녀는	→	am/are/is 이다

→ a student 학생

『 <u>주어가</u> *3인칭 단수일 때는
is를 쓰고, 』

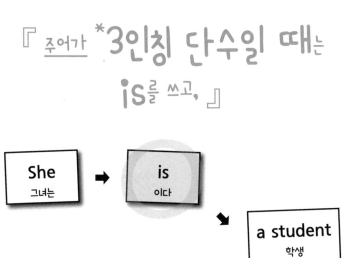

She 그녀는	**is** 이다

a student 학생

3인칭 단수 주어 (그, 그녀, 그것, …)

is ~이다

『 주어가 **복수**이면 **are**를 쓰고,
나(I)는 am을 너(you)는 are를 써요. 』

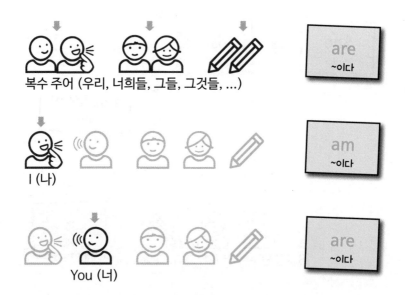

복수 주어 (우리, 너희들, 그들, 그것들, ...)

are
~이다

I (나)

am
~이다

You (너)

are
~이다

- They <u>are</u> students. (그들은 학생이다.)
  I <u>am</u> a student. (나는 학생이다.)
  You <u>are</u> a student. (너는 학생이다.)

『 '<u>피곤하다, 행복하다</u>'와 같은 경우,
움직임을 나타내는 **일반동사가 아니라,**
'~한 상태이다'라는 의미로, **be동사**를 써요. 』

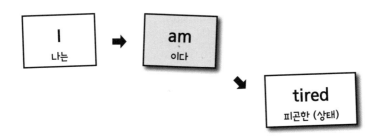

| I 나는 | → | am 이다 |

tired
피곤한 (상태)

★ 주어진 be동사를 알맞은 형태로 넣어 볼까요?

그 여자는 과학자<u>이다</u>. (be: 이다)

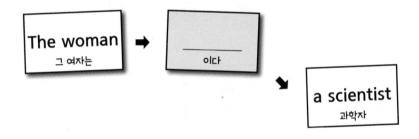

The woman
그 여자는

➡

_____
이다

↘

a scientist
과학자

주어가 3인칭 단수이면 is, 복수이면 are를 쓰고,
I는 am을 you는 are를 써요.

ANSWER is

✿ 주어진 be동사를 알맞은 형태로 넣어 볼까요?

우리는 목마르다. (be: 이다)

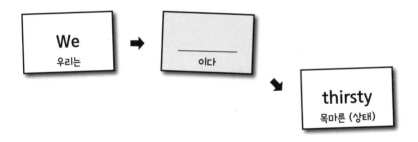

| We
우리는 | ➡ | _____
이다 | ➘ | thirsty
목마른 (상태) |

주어가 3인칭 단수이면 is, 복수이면 are를 쓰고,
I는 am을 you는 are를 써요.

ANSWER are

★ 주어진 be동사를 알맞은 형태로 넣어 볼까요?

나는 그의 사촌이다. (be: 이다)

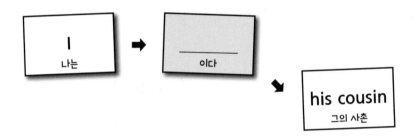

I
나는

➡

_____
이다

↘

his cousin
그의 사촌

주어가 3인칭 단수이면 is, 복수이면 are를 쓰고,
I는 am을 you는 are를 써요.

ANSWER am

★ 주어진 be동사를 알맞은 형태로 넣어 볼까요?

너는 예의 바르다. (be: 이다)

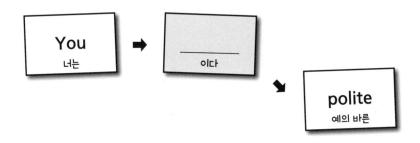

You
너는

➡

_____
이다

↘

polite
예의 바른

주어가 3인칭 단수이면 is, 복수이면 are를 쓰고,
I는 am을 you는 are를 써요.

ANSWER are

개념 요약 be동사 (현재 시제)

❶ **~이다** 의 뜻이고 주어의 <u>상태</u>를 나타내는 동사가 **be동사** 예요.

❷ **be동사의 현재형** 은 주어에 따라 <u>am, are, is</u> 중 하나를 써요.

❸ 주어가 **3인칭 단수** 일 때 **is** ,

주어가 **복수** 일 때 **are** 를 써요.

❹ 주어가 **I (나)** 일 때 **am** , **you (너)** 일 때 **are** 를 써요.

주어	be동사
I	**am**
You, 복수	**are**
3인칭 단수	**is**

우리말과 영어의 비교

'~이다' 동사의 현재형을 쓸 때, 우리말과 영어의 동사 변화 차이를 알아 두세요.

우리말		영어	
동사원형	현재형	동사원형	현재형
~이다	**명사 + 이다** (학생이다) **형용사 + 하다** (피곤하다)	**be**	**am/are/is**

이 Chapter에서 배운 중요 개념을 빈칸을 채우며 확인하세요.

❶ <u> ~이다 </u> 의 뜻이고 주어의 <u>상태</u>를 나타내는 동사가   예요.

❷   은 주어에 따라 <u>am, are, is</u> 중 하나를 써요.

❸ 주어가   일 때   **is**   ,

    주어가   **복수**   일 때   를 써요.

❹ 주어가   일 때   **am**   ,   **you (너)**   일 때   를 써요.

주어	be동사
I	
You, 복수	**are**
3인칭 단수	

우리말과 영어의 비교

'~이다' 동사의 현재형을 쓸 때, 우리말과 영어의 동사 변화 차이를 알아 두세요.

우리말		영어	
동사원형	현재형	동사원형	현재형
~이다	**명사 + 이다** (학생이다) **형용사 + 하다** (피곤하다)	**be**	

CHAPTER 05
조동사

조동사는 동사에 '도울 조(助)'가 붙은 말로, 동사를 도와 동사에 의미를 더해 줘요.

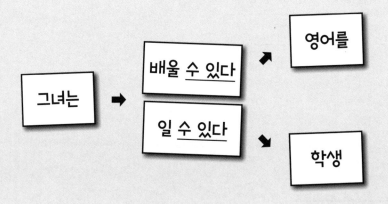

밑줄 친 부분이 조동사예요.
동사에 '~할[일] 수 있다'라는 의미가 더해졌어요.

조동사 1

『 영어에서는 우리말처럼

동사 뒤에 조동사 '~ㄹ 수 있다(can)'를 붙이면 안 돼요.

조동사와 동사의 순서를 **우리말과 반대**로 써요. 』

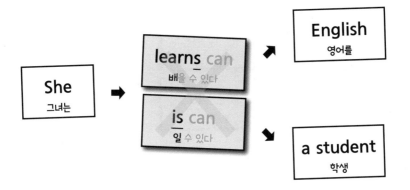

『 '동사 + 조동사'를 '조동사 + 동사'로 바꿨지만 또 틀렸어요.

왜일까요? 』

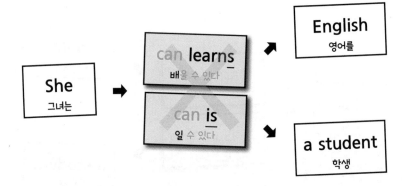

『 조동사 뒤에는 항상 동사원형을 쓰기 때문이에요. 』

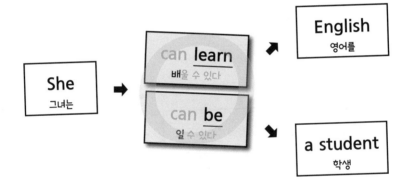

- '~ㄹ 수 있다 + ~하다'는 '~할 수 있다'라는 의미가 되고,
  '~ㄹ 수 있다 + ~이다'는 '~일 수 있다'라는 의미가 돼요.

『 조동사 can의 '~ㄹ 수 있다'는
'능력이 있다'라는 의미이지만, 』

English
영어를

She
그녀는

can speak
말할 수 있다

- 말할 수 있다 ⇒ 말하는 능력이 있다

『문맥에 따라 <u>조동사 can(~ㄹ 수 있다)</u>은
'**허락하다**' 라는 의미가 될 수 있어요. 』

		it 그것을
You 당신은	**can <u>have</u>** 가질 수 있다	
	can <u>be</u> 일 수 있다	my student 나의 학생

- 그것을 가질 수 있다 ⇒ 가져도 좋다 (허락)
- 나의 학생일 수 있다 ⇒ 나의 학생이 되어도 좋다 (허락)

『 또한, 문맥에 따라 <u>조동사 can(~ㄹ 수 있다)</u>은
'가능성이 있다'라는 추측의 의미가 될 수 있어요. 』

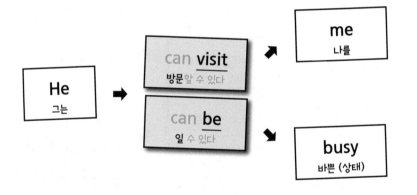

- 방문할 수(도) 있다 ⇒ 방문할 가능성이 있다
- 바쁠 수(도) 있다 ⇒ 바쁠 가능성이 있다

『 조동사 may는 '～해[이어]도 좋다'라는
허락의 의미를 동사에 더해 줘요. 』

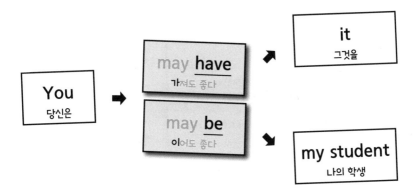

『 또한, 조동사 may는 '~ㄹ지 모른다'라는
추측이나 가능성의 의미를 동사에 더해 줘요. 』

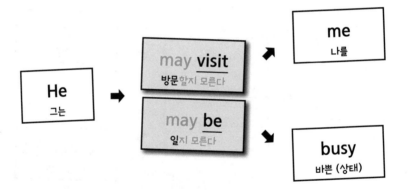

『 그래서, 조동사 can과 may는 '<u>허락</u>'의 의미로 쓰일 때

서로 바꾸어 쓸 수 있어요. 』

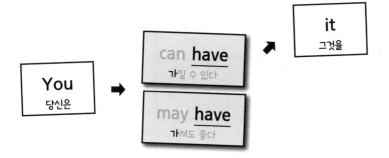

『 조동사 can과 may는 '가능성'의 의미로 쓰일 때도

서로 바꾸어 쓸 수 있어요. 』

| You
당신은 | → | can be
일 수 있다 |
| | | may be
일지 모른다 | → | my student
나의 학생 |

● 하지만, may에는 can이 가진 '~하는 능력이 있다'라는 의미는 없어요.

『 조동사 must는
'(꼭) ~해[이어]야 한다'라는
'의무'의 의미를 더해 줘요. 』

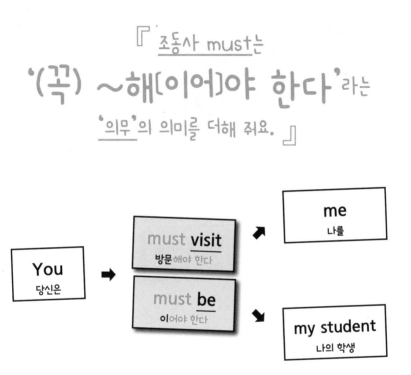

You 당신은	→	must visit 방문해야 한다	↗ me 나를
		must be 이어야 한다	↘ my student 나의 학생

• 나의 학생이어야 한다 ⇒ 나의 학생임이 틀림없다 / 나의 학생이 되어야 한다

★ 알맞은 것을 골라 볼까요?

그는 프랑스어를 <u>말할 수 있다</u>.

He
그는

❶ **speak** can
말할 수 있다

❷ can **speak**
말할 수 있다

French
프랑스어를

조동사는 동사 앞에 쓰며, 이때 동사는 원형을 써요.

ANSWER ❷ can speak

♣주어진 동사와 알맞은 조동사를 넣어 문장을 완성해 볼까요?

니나는 바이올린을 <u>연주할 능력이 있다</u>. (play: 연주하다)

조동사는 동사 앞에 쓰며, 이때 동사는 원형을 써요.
'~ㄹ 수 있다'라는 능력의 의미를 더해 주는 조동사는 <u>can</u>이에요.

ANSWER can play

★ 알맞은 것을 모두 골라 볼까요?

그것이 사실일지도 모른다.

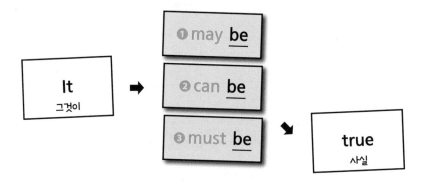

It
그것이

❶ may be
❷ can be
❸ must be

true
사실

❶ may는 '~일[할]지 모른다'라는 가능성의 의미를 더해 줘요.
❷ can도 '~일[할] 수 있다'라는 가능성의 의미를 더해 줘요.
❸ must는 '~이어[해]야 한다'라는 의무의 의미를 더해 줘요.

ANSWER ❶ may be ❷ can be

★ 알맞은 조동사와 동사를 넣어 문장을 완성해 볼까요?

그녀는 디자이너임이 틀림없다. (be: 이다)

She
그녀는

➡

_____
임이 틀림없다

↘

a designer
디자이너

조동사는 동사 앞에 쓰며, 이때 동사는 원형을 써요.
must는 "~이어[해]야 한다"라는 의무의 의미를 더해 줘요.
"~이어야 한다"는 "~임이 틀림없다"라는 의미가 되기도 해요.

ANSWER must be

조동사

❶ **조동사** 는 동사를 도와 <u>동사에 의미를 더해 주는</u> 말이에요.

❷ 조동사는 **동사원형 앞** 에 써요. be동사의 경우 '조동사 + **be** '로 써요.

❸ 조동사 **can** 의 '~할[일] 수 있다'는 문맥에 따라 여러 의미를 더해 줘요.

능력	허락	가능성 (추측)
~할[일] 수 있다	~해도[이어도] 좋다	~할[일] 수도 있다

❹ 조동사 **may** 는 <u>허락</u>과 <u>가능성</u>의 의미를 동사에 더해 줘요.

허락	가능성 (추측)
~해도[이어도] 좋다	~할[일]지도 모른다

❺ 조동사 can과 may는 **허락, 가능성** 의 의미로 쓰일 때 <u>서로 바꿔 쓸 수 있어요.</u>

❻ 조동사 **must** 는 '(꼭) ~해야[이어야] 한다'라는

의무 의 의미를 동사에 더해 줘요.

우리말과 영어의 비교

우리말에서 조동사는 동사 뒤에 오는 반면, 영어에서 <u>조동사는 동사 앞에 와요.</u>

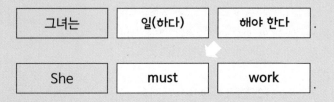

그녀는	일(하다)	해야 한다

She	must	work

이 Chapter에서 배운 중요 개념을 빈칸을 채우며 확인하세요.

❶ ＿＿＿＿＿＿＿ 는 동사를 도와 동사에 의미를 더해 주는 말이에요.

❷ 조동사는 ＿＿＿＿＿＿＿＿＿ 에 써요. be동사의 경우 '조동사 + ＿＿＿＿＿＿＿' 로 써요.

❸ 조동사 ＿＿＿＿＿＿＿ 의 '~할[일] 수 있다'는 문맥에 따라 여러 의미를 더해 줘요.

		가능성 (추측)
~할[일] 수 있다	~해도[이어도] 좋다	~할[일] 수도 있다

❹ 조동사 ＿＿＿＿＿＿＿ 는 허락과 가능성의 의미를 동사에 더해 줘요.

허락	
~해도[이어도] 좋다	~할[일]지도 모른다

❺ 조동사 can과 may는 ＿＿＿＿＿＿＿＿＿ 의 의미로 쓰일 때 서로 바꿔 쓸 수 있어요.

❻ 조동사 ＿＿＿＿＿＿＿ 는 '(꼭) ~해야[이어야] 한다'라는

＿＿＿＿＿＿＿ **의무** ＿＿＿＿ 의 의미를 동사에 더해 줘요.

우리말과 영어의 비교

우리말에서 조동사는 동사 뒤에 오는 반면, 영어에서 조동사는 동사 앞에 와요.

그녀는	일(하다)	해야 한다

She		

CHAPTER 06

형용사

형용사의 '형용(形容)'은 '생긴 모양'이라는 의미로,
사람이나 사물의 생긴 모양, 상태, 성질을 표현하는 말이에요.

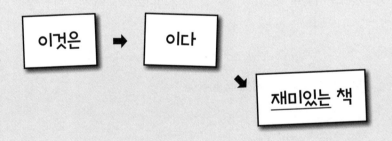

밑줄 친 '재미있는'이 형용사로,
뒤의 명사인 '책'이 어떤 성질인지를 설명해 줘요.

『 형용사 '재미있는(interesting)'을 넣어
'재미있는 책'이라는 말을 만들어 볼까요? 』

This	→	is
이것은		이다

interesting book
재미있는 책

『 뭔가가 부족하네요.

무엇이 부족한 걸까요? 』

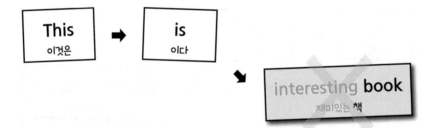

This
이것은

is
이다

interesting **book**
재미있는 **책**

형용사 3

『 기억하세요? 셀 수 있는 단수 명사 앞에는 a / an을
복수 명사 뒤에는 -s를 붙여야 한다는 것을? 』

a book
책 한 권

books
책들

『명사 앞에 a / an, the와 같은 관사가 있는 경우, 형용사를 어디에 써야 할까요?』

❶ a ❷ book
책 한 권

『형용사는 명사 바로 앞,

즉, **관사 + 형용사 + 명사**의 순서로 쓰고.

a는 그 뒤에 나오는 첫 발음이 모음이면 an으로 바꿔 줘요.』

✗ **a** interesting **book**
재미있는 **책 한 권**

○ **an** interesting **book**
재미있는 **책 한 권**

『 관사 + 형용사 + 명사는

하나의 의미 덩어리(명사구)로,

명사가 쓰이는 자리에 항상 덩어리로 쓰여요. 』

This
이것은

shows
보여 준다

is
이다

an interesting book
재미있는 책 한 권을

an interesting book
재미있는 책 한 권

110

형용사 **7**

『 형용사는 <u>be동사 뒤에</u> 단독으로 쓰여,

주어가 어떤지를 설명하는 **보어**의 역할도 해요. 』

This book 이 책은	→	is 이다

interesting
재미있는 (성질)

『 이와 같이 형용사는

명사나 주어의 <u>모양, 상태, 성질</u>을 설명해요. 』

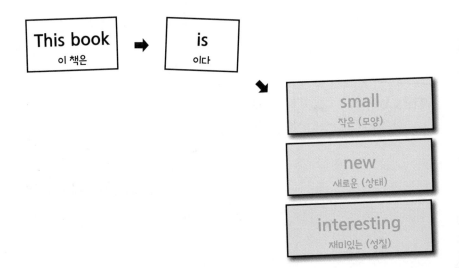

| This book
이 책은 | ➡ | is
이다 |

small
작은 (모양)

new
새로운 (상태)

interesting
재미있는 (성질)

『모양, 상태, 성질 외에도,
명사의 수량을 설명하는 형용사도 있어요. 』

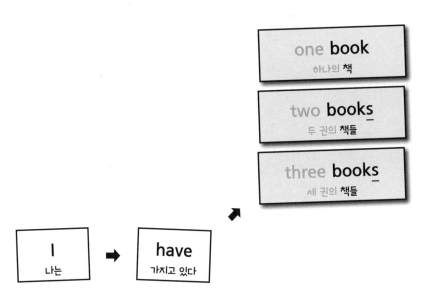

one **book**
하나의 **책**

two **books**
두 권의 **책들**

three **books**
세 권의 **책들**

I
나는

have
가지고 있다

『 구체적인 수량(수와 양)이 아닌,

'약간 있는'이라고 표현하는 형용사도 있어요. 』

a few books
몇몇의 **책들** (책 몇 권)

a few + 셀 수 있는 복수 명사

a little time
조금의 **시간**

a little + 셀 수 없는 명사

| I |
| 나는 |

→

| **have** |
| 가지고 있다 |

⚬ some도 '약간 있는'이라는 의미의 형용사로, 모든 명사 앞에 쓸 수 있어요.
some books (o), some time (o)

『 **'거의 없는'** 이라고 표현하는 형용사도 있어요. 』

few books
거의 없는 책들 (몇 권 안 되는 책)

few + 셀 수 있는 복수 명사

little time
거의 없는 시간 (얼마 없는 시간)

little + 셀 수 없는 명사

I	have
나는	가지고 있다

『 구체적인 수량이 아닌,

'**많이 있는, 많은**'을 의미하는 형용사도 있어요. 』

> **many books**
> (수가) 많은 **책들**

many + 셀 수 있는 복수 명사

> **much time**
> (양이) 많은 **시간**

much + 셀 수 없는 명사

I	→	have
나는		가지고 있다

◐ a lot of도 '많은'이라는 의미로, <u>모든 명사 앞</u>에 쓸 수 있어요.
a lot of books (o), a lot of time (o)

★ 주어진 형용사가 들어갈 알맞은 자리를 골라 볼까요?

그것은 <u>새로운</u> 가방(하나)이다. (new: 새로운)

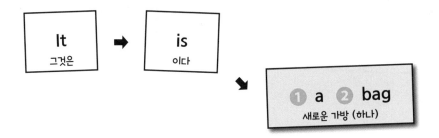

It
그것은

➡

is
이다

↘

❶ a ❷ bag
새로운 가방 (하나)

명사 앞에 관사가 붙는 경우, <u>관사 + 형용사 + 명사</u>의 순서로 써요.

ANSWER ❷

★ 주어진 말을 알맞은 자리에 알맞은 형태로 넣어 볼까요?

그 아이들은 행복하다. (happy: 행복한, be: 이다)

| The children
그 아이들은 | ➡ | ❶＿＿＿＿＿ |

❷＿＿＿＿＿

형용사는 '~이다' 동사인 <u>be</u>동사 뒤에 보어로 와서 주어를 설명해요.

ANSWER ❶ are ❷ happy

★ 알맞은 수량 형용사를 골라 볼까요?

나는 물이 <u>약간</u> 있다.

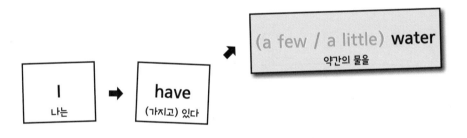

I
나는

➡️ have
(가지고) 있다

(a few / a little) water
약간의 물을

"약간 있는"이라는 뜻의 수량 형용사를 명사 앞에 쓸 때,
셀 수 있는 복수 명사이면 a few, 셀 수 없는 명사이면 a little을 써요.

ANSWER a little

★ 알맞은 수량 형용사를 골라 볼까요?

우리는 <u>많은</u> 의자를 필요로 한다.

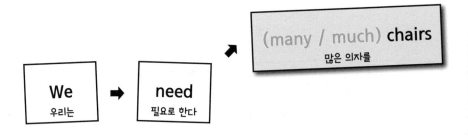

(many / much) chairs
많은 의자를

We
우리는

→

need
필요로 한다

"많이 있는"이라는 뜻의 수량 형용사를 명사 앞에 쓸 때,
셀 수 있는 복수 명사이면 many, 셀 수 없는 명사이면 much를 써요.

ANSWER many

형용사

❶ **형용사** 는 명사의 **모양** , **상태** , **성질** 을 표현하는 말이에요.

❷ 형용사는 **명사 앞** 에서 <u>명사를 설명</u>하는데,

명사 앞에 관사가 있으면 ' **관사** + **형용사** + **명사** '의 순서로 써요.

❸ 형용사는 **be동사 뒤** 에 단독으로 쓰여, **주어** <u>인 명사를 설명</u>해요.

❹ 명사의 수량을 설명하는 **수량 형용사** 도 있어요.

❺ 수량 형용사는 명사가 **셀 수 있는지** , **셀 수 없는지** 에 따라 쓰임이 달라요.

의미	셀 수 있는 명사 앞	셀 수 없는 명사 앞	둘 다 앞
약간 있는	**a few**	**a little**	**some**
거의 없는	**few**	**little**	–
많이 있는	**many**	**much**	**a lot of**

우리말과 영어의 비교

우리말과 달리, 형용사가 주어를 설명하는 보어로 쓰일 때는 be동사 뒤에 와요.

그녀는	행복한 (상태)	이다

She	is	happy

① _____ 는 명사의 **모양** , **상태** , **성질** 을 표현하는 말이에요.

② 형용사는 **명사 앞** 에서 <u>명사를 설명</u>하는데,

명사 앞에 관사가 있으면 ' _____ + _____ + **명사** '의 순서로 써요.

③ 형용사는 _____ 에 단독으로 쓰여, **주어** 인 명사를 설명해요.

④ 명사의 수량을 설명하는 _____ 도 있어요.

⑤ 수량 형용사는 명사가 _____ , **셀 수 없는지** 에 따라 쓰임이 달라요.

의미	셀 수 있는 명사 앞	셀 수 없는 명사 앞	둘 다 앞
약간 있는		**a little**	**some**
거의 없는	**few**		–
많이 있는		**much**	

우리말과 영어의 비교

우리말과 달리, 형용사가 주어를 설명하는 보어로 쓰일 때는 be동사 뒤에 와요.

| 그녀는 | 행복한 (상태) | 이다 | . |

⬇

| She | | | . |

CHAPTER 07

대명사 2

소유격 대명사와 **소유 대명사**는 인칭 대명사의 한 종류로,
'누구의' 것인지 소유를 나타내는 말이에요.

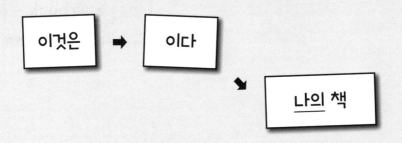

밑줄 친 '**나의**'는 소유를 나타내는 <u>소유격 대명사</u>로
관사(a/an, the)처럼 명사 앞에 써요.

『 소유격 대명사 *나의(my)*는 어디에 넣어야 할까요? 』

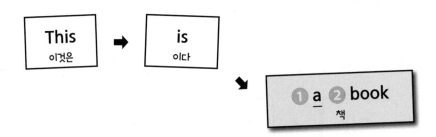

This
이것은

is
이다

① a ② book
책

124

『 ❶번 자리도 ❷번 자리도 아니에요.

그럼 어디에 넣죠? 』

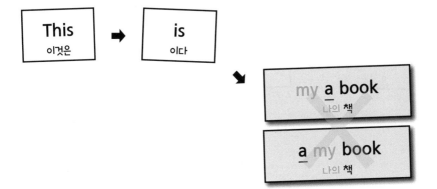

| This | → | is |
| 이것은 | | 이다 |

my a book
나의 책

a my book
나의 책

『 소유격 대명사는 <u>관사의 자리</u>에 쓰기 때문에

관사(a / an, the)와 **함께 쓰지 않아요.** 』

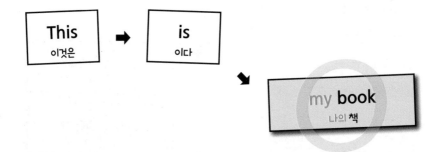

『소유격 대명사는 관사처럼,
명사를 꾸미는 말 앞에 써요.』

This
이것은

→

is
이다

↘

my interesting book
나의 재미있는 책

『 인칭 대명사별로 '누구의' 소유를 나타내는
소유격 대명사를 알아 두세요. 』

I
나는

> **my book**
> 나의 **책**

you
너는

> **your book**
> 너의 **책**

he
그는

> **his book**
> 그의 **책**

she
그녀는

> **her book**
> 그녀의 **책**

it
그것은

> **its book**
> 그것의 **책**

『 둘 이상(복수)의 소유를 나타내는

소유격 대명사도 알아 두세요. 』

we
우리는

> our **book**
> 우리의 **책**

you
너희들은

> your **book**
> 너희들의 **책**

they
그들은

> their **book**
> 그들의 **책**

『 '나의 책'은 '나의 것'으로 바꿔 쓸 수 있어요. 』

They	need	my book
그들은	필요로 한다	나의 책을

↓

mine
나의 것을

『 '누구의 것'이라는 말을 **소유 대명사**라고 해요. 』

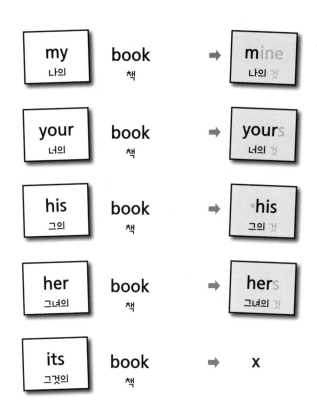

my 나의	**book** 책	➡	**m**ine 나의 것
your 너의	**book** 책	➡	**your**s 너의 것
his 그의	**book** 책	➡	*his 그의 것
her 그녀의	**book** 책	➡	**her**s 그녀의 것
its 그것의	**book** 책	➡	x

• his는 소유격 대명사와 소유 대명사의 형태가 같아요.

『 복수의 **소유 대명사**도 알아 두세요. 』

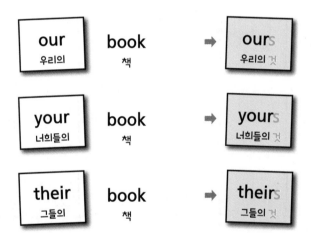

our 우리의	book 책	➡	ours 우리의 것
your 너희들의	book 책	➡	yours 너희들의 것
their 그들의	book 책	➡	theirs 그들의 것

★ 알맞은 것을 골라 볼까요?

이것은 <u>그녀의</u> 집이다.

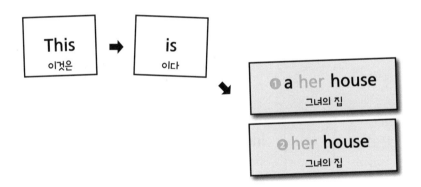

This	➡	is
이것은		이다

❶ a her **house**
그녀의 집

❷ her **house**
그녀의 집

소유격 대명사(누구의)는 <u>관사의 자리</u>에 쓰이므로 관사 a/an, the와 함께 쓰지 않아요.

★ 알맞은 것을 골라 볼까요?

피터는 <u>그의 오래된 시계</u>를 좋아한다.

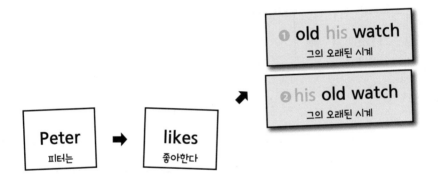

❶ **old** his **watch**
그의 오래된 시계

❷ his **old watch**
그의 오래된 시계

Peter
피터는

likes
좋아한다

ANSWER ❷ his old watch

★ 알맞은 것을 골라 볼까요?

저것은 <u>그녀의 열쇠</u>이다.

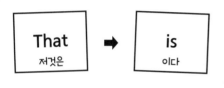

That	➡	is
저것은		이다

(her / hers) **key**
그녀의 열쇠

*소유격 대명사(누구의) + 명사*는 소유 대명사(누구의 것)로 바꿔 쓸 수 있어요.

ANSWER her

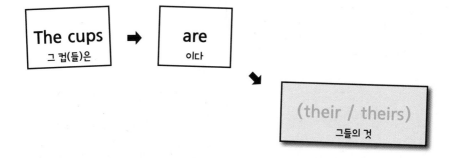

★ 알맞은 것을 골라 볼까요?

그 컵은 그들의 것이다.

The cups
그 컵(들)은

➡

are
이다

(their / theirs)
그들의 것

*소유격 대명사(누구의) + 명사*는 소유 대명사(누구의 것)로 바꿔 쓸 수 있어요.
소유 대명사는 주로 소유격 대명사에 -s가 붙은 형태예요.

ANSWER theirs

대명사 2 (소유격 대명사, 소유 대명사)

❶ 명사 앞에서 ' 누구의 ' 소유인지 말해 주는 대명사가 소유격 대명사 예요.

❷ 소유격 대명사는 관사 의 자리에 쓰이므로 관사와 함께 쓰지 않고,

명사를 꾸미는 말 앞 에 써요.

❸ 소유 대명사 는 ' 누구의 것 '을 뜻하는 대명사예요.

❹ ' 소유격 대명사 + 명사 '를 소유 대명사 로 바꿔 쓸 수 있어요.

❺ <u>소유격 대명사</u>와 <u>소유 대명사</u>의 종류를 잘 알아 두세요.

소유격 대명사		소유 대명사		소유격 대명사		소유 대명사	
my	나의	mine	나의 것	our	우리의	ours	우리의 것
your	너의	yours	너의 것	your	너희의	yours	너희의 것
his	그의	his	그의 것				
her	그녀의	hers	그녀의 것	their	그들의	theirs	그들의 것
its	그것의	–					

❶ 명사 앞에서 ' **누구의** ' 소유인지 말해 주는 대명사가   예요.

❷ 소유격 대명사는   의 자리에 쓰이므로 관사와 함께 쓰지 않고,

    명사를 꾸미는 말 앞 에 써요.

❸   는 ' **누구의 것** '을 뜻하는 대명사예요.

❹ '   + **명사** '를   로 바꿔 쓸 수 있어요.

❺ 소유격 대명사와 소유 대명사의 종류를 잘 알아 두세요.

소유격 대명사		소유 대명사		소유격 대명사		소유 대명사	
my	나의		나의 것	**our**	우리의		우리의 것
	너의	**yours**	너의 것		너희의	**yours**	너희의 것
	그의	**his**	그의 것				
her	그녀의		그녀의 것	**their**	그들의		그들의 것
its	그것의	–					

CHAPTER 08

부사

부사의 부(副)는 '돕다'라는 의미로, 다른 말을 도와 자세히 설명해 주는 말이에요.

밑줄 친 말이 부사예요.
'공부하다'라는 동사를 자세히 설명해 주는 역할을 해요.

『 동사를 설명해 주고 있는 부사 `hard(열심히)`를
어디에 써야 할까요? 』

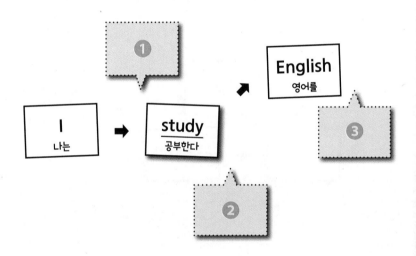

『 설명해 주고 있는 동사 앞도, 동사 뒤도 아닌,

문장의 끝에 써요. 』

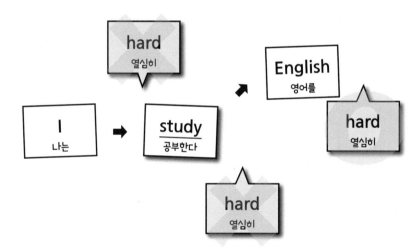

『 하지만, '얼마나 자주'인지 설명하는 빈도부사는 예외예요.

빈도부사는 **일반동사 앞**에 쓰고요. 』

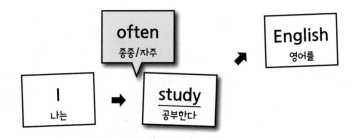

부사 4

『 be동사의 경우, 빈도부사는 be동사 뒤에 써요. 』

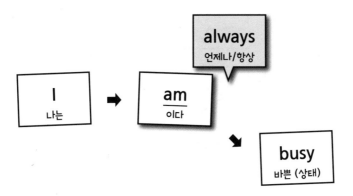

『 '얼마나 자주'인지를 나타내는
다양한 빈도부사를 알아 두세요. 』

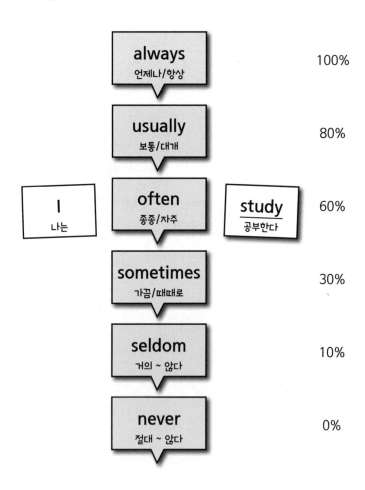

always 언제나/항상		100%
usually 보통/대개		80%
I 나는　**often** 종종/자주	**study** 공부한다	60%
sometimes 가끔/때때로		30%
seldom 거의 ~ 않다		10%
never 절대 ~ 않다		0%

부사 6

『부사는 **형용사 앞**에서
형용사를 자세히 설명하는 역할도 해요.』

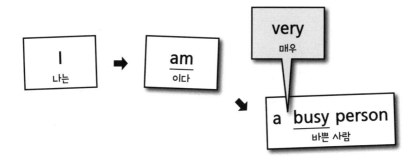

- 관사(a/an, the)나 소유격 대명사(my, your, ...)는
명사를 수식하는 말들(부사 + 형용사) 앞에 써요.
my <u>very old</u> car (나의 매우 오래된 차)

『 부사는 **다른 부사 앞**에서
부사를 구체적으로 설명하는 역할도 해요. 』

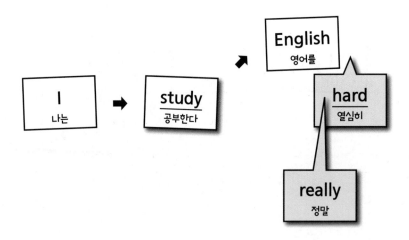

★ 주어진 부사가 들어갈 알맞은 자리를 골라 볼까요?

나는 자전거를 빠르게 탄다. (fast: 빠르게)

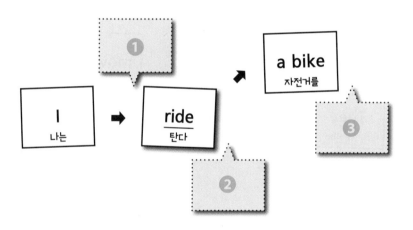

부사가 동사를 설명할 때는 주로 문장 끝에 와요.

ANSWER ③

★ 주어진 부사가 들어갈 알맞은 자리를 골라 볼까요?

그들은 <u>가끔</u> 영화를 본다. (sometimes: 가끔)

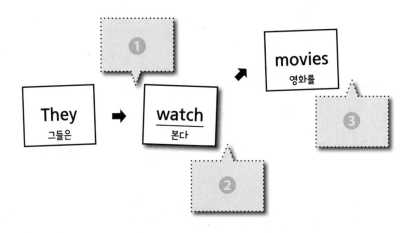

부사가 동사를 설명할 때는, 주로 문장 끝에 와요.
하지만, 빈도부사(얼마나 자주)의 경우 <u>일반동사 앞</u>, <u>be동사</u> 뒤에 와요.

ANSWER **1**

★ 주어진 부사가 들어갈 알맞은 자리를 골라 볼까요?

그는 <u>매우</u> 친절한 소년이다. (very: 매우)

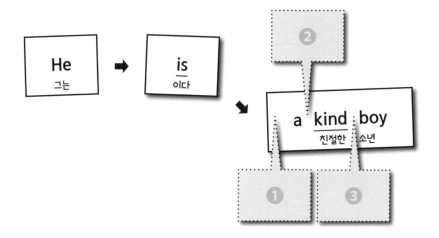

부사가 형용사나 다른 부사를 설명할 때는 설명하는 말 앞에 와요.
관사나 소유격 대명사는 명사를 수식하는 말들 앞에 써요.

ANSWER ❷

★ 주어진 부사가 들어갈 알맞은 자리를 골라 볼까요?

수는 아침을 <u>정말</u> 일찍 먹는다. (really: 정말)

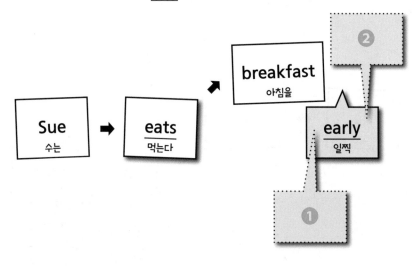

부사가 형용사나 다른 부사를 설명할 때는 <u>설명하는 말 앞에</u> 와요.

ANSWER ❶

① 　**부사**　 는 다른 말을 도와 자세하게 설명해 주는 말이에요.

② 부사가 　**동사**　 를 구체적으로 설명할 때, 주로 　**문장의 끝**　 에 써요.

③ 얼마나 자주인지 설명하는 　**빈도부사**　 는 **일반동사 앞** , **be동사 뒤** 에 써요.

100%	80%	60%	30%	10%	0%
언제나/항상	보통/대개	종종/자주	가끔/때때로	거의 ~ 않다	절대 ~ 않다
always	**usually**	**often**	**sometimes**	**seldom**	**never**

④ 부사는 　**형용사 앞**　 에서 형용사를 구체적으로 설명하는 역할도 해요.

⑤ 부사는 　**다른 부사 앞**　 에서 부사를 구체적으로 설명하는 역할도 해요.

형용사와 부사의 비교

형용사는 명사를 설명해 주고, 부사는 동사, 형용사, 부사를 설명해 줘요.

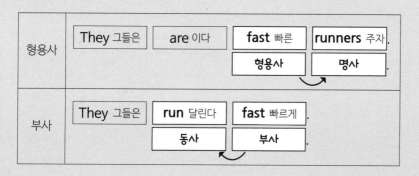

형용사	They 그들은 │ are 이다 │ fast 빠른 │ runners 주자. 형용사 │ 명사
부사	They 그들은 │ run 달린다 │ fast 빠르게. 동사 │ 부사

❶ _____ 는 <u>다른 말</u>을 도와 자세하게 설명해 주는 말이에요.

❷ 부사가 **동사** 를 구체적으로 설명할 때, 주로 _____ 에 써요.

❸ <u>얼마나 자주</u>인지 설명하는 _____ 는 **일반동사 앞** , _____ 에 써요.

100%	80%	60%	30%	10%	0%
언제나/항상	보통/대개	종종/자주	가끔/때때로	거의 ~ 않다	절대 ~ 않다
	usually			**seldom**	

❹ 부사는 _____ 에서 <u>형용사를 구체적으로 설명</u>하는 역할도 해요.

❺ 부사는 **다른 부사 앞** 에서 <u>부사를 구체적으로 설명</u>하는 역할도 해요.

형용사와 부사의 비교

형용사는 명사를 설명해 주고, 부사는 동사, 형용사, 부사를 설명해 줘요.

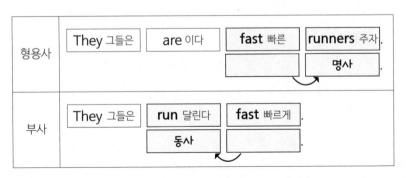

CHAPTER 09
전치사

전치사(前置詞)란 '앞 전, 둘 치, 말 사'로 '앞에 위치하는 말'이라는 의미예요.

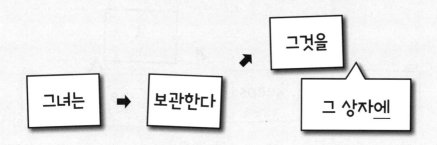

밑줄 친 부분이 영어 문장에서
<u>전치사</u>에 해당하는 말이에요.

『 전치사 in(～안에)을
우리말 순서대로 명사 뒤에 넣어도 될까요? 』

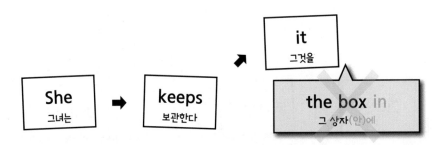

전치사 **2**

『 <u>앞에 위치한다</u>는 전치사의 말뜻처럼,

전치사는 **명사 앞**에 써야 해요. 』

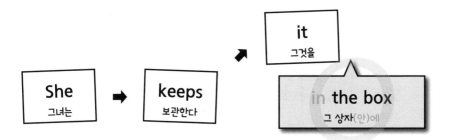

『 전치사는 **뒤에 있는 명사**가
어떤 의미로 쓰일지를 알려 줘요. 』

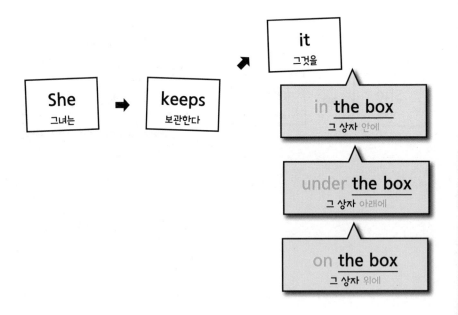

• 전치사는 뒤에 나오는 명사의 장소, 시간, 위치, 방향 등,
명사가 문장에서 어떻게 쓰일지를 알려 줘요.

『 '전치사 + 명사'는 <u>be동사</u> 뒤에도 쓸 수 있어요.
이때 be동사는 '**이다**'와 '**있다**' 중에
문맥에 맞게 해석해요. 』

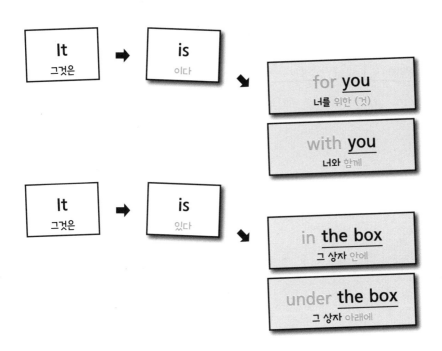

It
그것은

→

is
이다

for **you**
너를 위한 (것)

with **you**
너와 함께

It
그것은

→

is
있다

in **the box**
그 상자 안에

under **the box**
그 상자 아래에

『 **'(어떤 장소)에(서)'** 라는 의미를 만들 때,
'~에서' 는 그 장소의 종류에 따라 전치사를 다르게 써요. 』

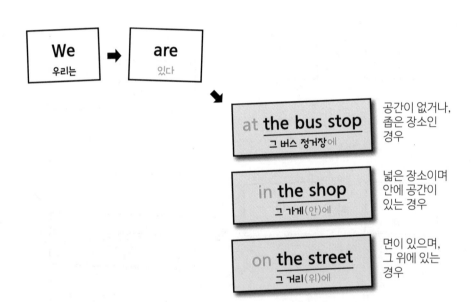

We 우리는	→	**are** 있다

at the bus stop
그 버스 정거장에

공간이 없거나,
좁은 장소인
경우

in the shop
그 가게(안)에

넓은 장소이며
안에 공간이
있는 경우

on the street
그 거리(위)에

면이 있으며,
그 위에 있는
경우

『 '(어떤 시간)에'라는 의미를 만들 때,
'~에'는 그 시간의 종류에 따라 전치사를 다르게 써요. 』

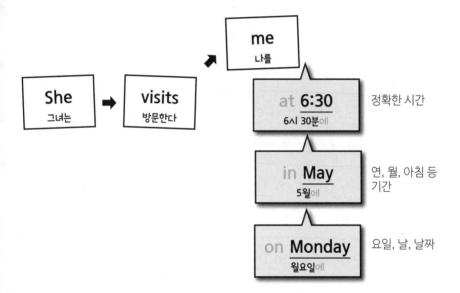

She 그녀는 → visits 방문한다 → me 나를

at **6:30** 6시 30분에 — 정확한 시간

in **May** 5월에 — 연, 월, 아침 등 기간

on **Monday** 월요일에 — 요일, 날, 날짜

『 뒤에 나올 명사를 기준으로 **어느 위치인지**를
알려 주는 전치사도 알아 두세요. 』

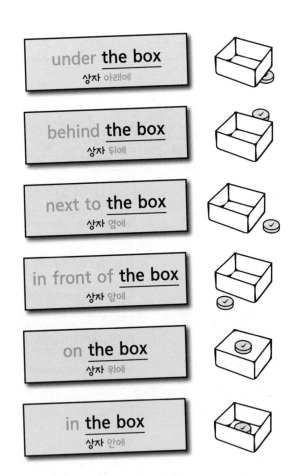

under **the box**
상자 아래에

behind **the box**
상자 뒤에

next to **the box**
상자 옆에

in front of **the box**
상자 앞에

on **the box**
상자 위에

in **the box**
상자 안에

『 뒤에 나올 명사로부터 **어느 방향인지**를
알려 주는 전치사도 알아 두세요. 』

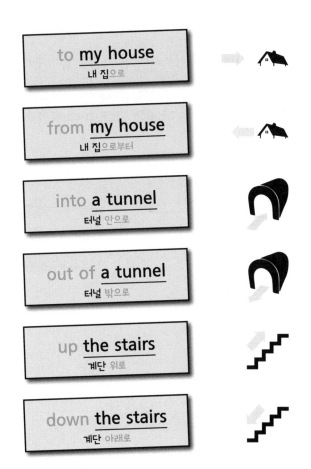

to **my house**
내 집으로

from **my house**
내 집으로부터

into **a tunnel**
터널 안으로

out of **a tunnel**
터널 밖으로

up **the stairs**
계단 위로

down **the stairs**
계단 아래로

★ 주어진 전치사가 들어갈 알맞은 자리를 골라 볼까요?

그 고양이는 그 탁자 <u>아래에</u> 있다. (under: 아래에)

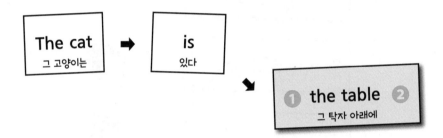

The cat		is	
그 고양이는	➡	있다	

① **the table** ②
그 탁자 아래에

전치사는 <u>명사 앞</u>에서 명사가 어떤 의미로 쓰일지를 알려 줘요.

ANSWER ①

162

★ 알맞은 전치사를 골라 볼까요?

많은 상점들이 그 쇼핑몰에 있다.

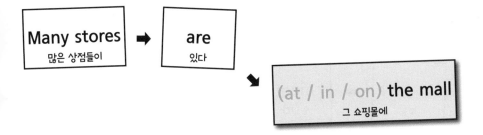

| Many stores 많은 상점들이 | ➡ | are 있다 |

(at / in / on) the mall
그 쇼핑몰에

뒤에 나올 장소에 따라 전치사를 선택해요. in은 넓은 공간 앞에 쓰고,
on은 면이 있는 도로나 벽 앞에 쓰고, at은 공간이 없거나 좁은 장소 앞에 써요.

ANSWER in

★ 알맞은 전치사를 골라 볼까요?

나는 <u>일요일에</u> 그녀를 만난다.

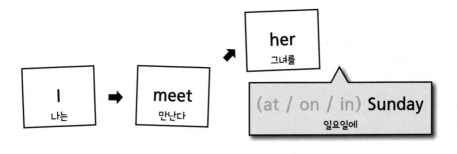

뒤에 나올 시간에 따라 전치사를 선택해요.
in은 기간이 있는 시간 앞에 쓰고, on은 요일, 날, 날짜 앞에 쓰고, at은 시간 앞에 써요.

ANSWER on

★ 주어진 명사와 전치사를 알맞은 순서로 써 볼까요?

그 스위치는 <u>그 문 옆에</u> 있다. (the door: 그 문, next to: ~옆에)

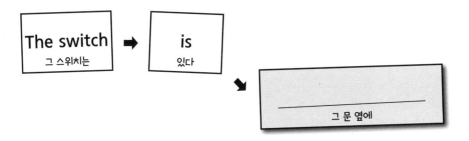

The switch
그 스위치는

➡

is
있다

⬇

_____
그 문 옆에

전치사는 명사 앞에서 그 명사가 어떤 의미로 쓰일지를 알려 줘요.

ANSWER next to the door

전치사

1 **전치사** 는 '명사 앞에 위치한 말'로, 뒤의 명사가 <u>어떤 의미로 쓰일지</u> 알려 줘요.

2 ' **전치사** + **명사** '는 be동사 <u>뒤</u>에 쓸 수 있고,

이다 또는 **있다** 로 해석해요.

3 **장소 전치사** 는 '(어떤 장소)에'라는 의미로, <u>장소의 종류에 따라 다르게</u> 써요.

공간이 없거나 좁은 장소에	공간이 있고 넓은 장소 안에	(한) 면이 있는 장소 위에
at	in	on

4 **시간 전치사** 는 '(어떤 시간)에'라는 의미로, <u>시간의 종류에 따라 다르게</u> 써요.

정확한 시간에 (7시)	연, 월, 오전 등 기간에 (1월)	요일, 날짜 등에 (월요일)
at	in	on

5 **위치 전치사** 는 뒤에 나오는 명사를 기준으로 <u>어느 위치인지</u> 알려 줘요.

~ 아래에	~ 뒤에	~ 옆에	~ 앞에	~ 위에	~ 안에
under	behind	next to	in front of	on	in

6 **방향 전치사** 는 뒤에 나오는 명사로부터 <u>어느 방향인지</u> 알려 줘요.

~으로	~으로부터	~ 안으로	~ 밖으로	~ 위로	~ 아래로
to	from	into	out of	up	down

① _____ 는 '명사 앞에 위치한 말'로, 뒤의 명사가 <u>어떤 의미로 쓰일지</u> 알려 줘요.

② ' **전치사** + **명사** '는 <u>be동사 뒤</u>에 쓸 수 있고,

_____ 또는 _____ 로 해석해요.

③ _____ 는 '(어떤 장소)에'라는 의미로, <u>장소의 종류에 따라 다르게</u> 써요.

공간이 없거나 좁은 장소에	공간이 있고 넓은 장소 안에	(한) 면이 있는 장소 위에
at		

④ _____ 는 '(어떤 시간)에'라는 의미로, <u>시간의 종류에 따라 다르게</u> 써요.

정확한 시간에 (7시)	연, 월, 오전 등 기간에 (1월)	요일, 날짜 등에 (월요일)
		on

⑤ _____ 는 뒤에 나오는 명사를 기준으로 <u>어느 위치</u>인지 알려 줘요.

~ 아래에	~ 뒤에	~ 옆에	~ 앞에	~ 위에	~ 안에
	behind			**on**	**in**

⑥ _____ 는 뒤에 나오는 명사로부터 <u>어느 방향</u>인지 알려 줘요.

~으로	~으로부터	~ 안으로	~ 밖으로	~ 위로	~ 아래로
to	**from**		**out of**	**up**	

CHAPTER 10
접속사

접속사의 접속(接續)은 '이어 주다'라는 의미로, 말과 말을 이어 주는 말이에요.

밑줄 친 '하지만'이
문장과 문장을 이어 주는 <u>접속사</u>예요.

『 접속사 **but** (하지만)으로 문장과 문장을 연결해요.

두 문장에는 같은 말이 반복되고 있는데요. 』

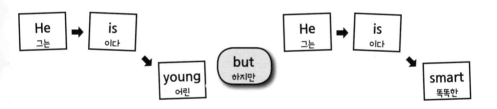

『 이런 때, 같은 말은 한 번만 쓰고,

나머지 말만 **접속사로 연결**할 수 있어요. 』

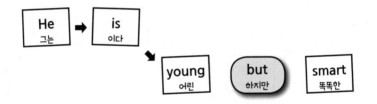

『 이렇게 같은 말을 생략하고,

나머지 말만 연결할 수 있는

접속사들을 알아 두세요. 』

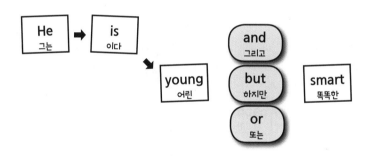

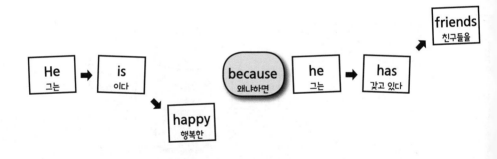

접속사 4

『 같은 말을 **생략하지 않고,**
문장과 문장으로만 연결하는 접속사들도 있어요. 』

○ 접속사 because는 '왜냐하면'이라는 의미로,
뒤에 오는 문장이 <u>이유</u>를 말해 줘요.
'because + 문장'은 '~ 때문에'라는 의미가 돼요.

『 접속사 so(그래서)는
because와 반대의 역할을 해요. 』

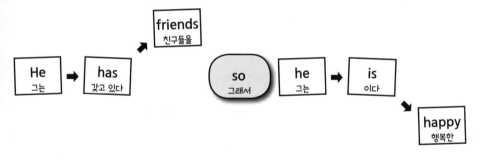

❍ 접속사 so는 '그래서'라는 의미로,
뒤에 오는 문장이 <u>결과</u>를 말해 줘요.

『 접속사 after는 '~후에'라는 의미로
그 뒤에 오는 문장과 함께 '~한 후에'라는 의미가 돼요. 』

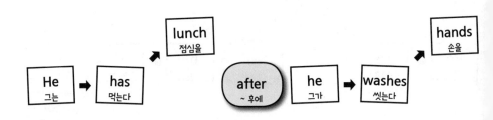

ᕀᑐᕀ 접속사 　7

『 접속사 before는 '~ 전에'라는 의미로

그 뒤에 오는 문장과 함께 '~하기 전에'라는 의미가 돼요. 』

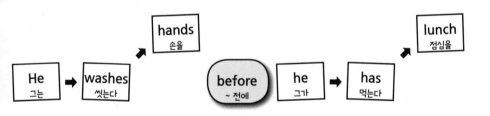

He 그는 → washes 씻는다 → hands 손을 　before ~ 전에 　he 그가 → has 먹는다 → lunch 점심을

『 접속사 when은 '~할 때'라는 의미로
같은 시간에 일어난 일을 말할 때 써요. 』

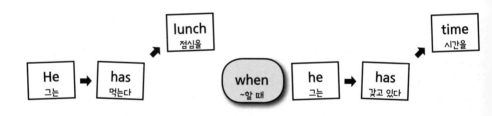

『 접속사 **if** 는 '만약 ~이라면'이라는 의미로
뒤에 오는 문장이 <u>조건</u>을 말해 줘요. 』

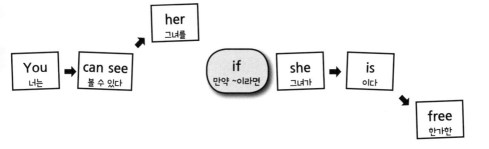

『접속사 though는 뒤에 나오는 문장과 함께 '비록 ~이지만'이라는 의미를 만들어요. 』

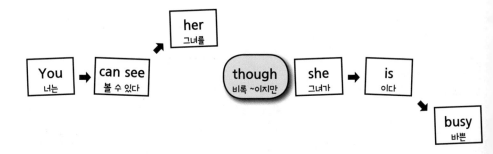

★ 알맞은 접속사를 골라 볼까요?

그것은 오래되었<u>지만</u> 튼튼하다.

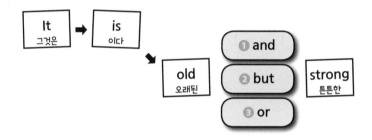

| It
그것은 | is
이다 | | |
| | | old
오래된 | strong
튼튼한 |

❶ and
❷ but
❸ or

접속사 and는 '그리고', but은 '하지만', or는 '또는'을 의미해요.

ANSWER ❷ but

★ 알맞은 접속사를 골라 볼까요?

나는 덥기 <u>때문에</u> 선풍기가 필요하다.

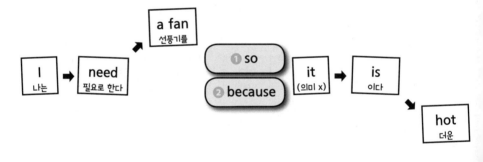

because(왜냐하면) 뒤에는 <u>이유(원인)</u>를 말하고, so(그래서) 뒤에는 <u>결과</u>를 말해요.

ANSWER ② because

★ 알맞은 접속사를 골라 볼까요?

나는 저녁을 먹은 후에 TV를 본다.

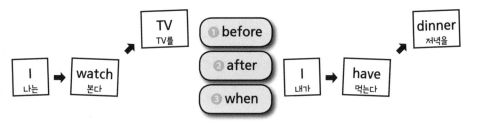

| I | → | watch | → | TV | | I | → | have | → | dinner |
| 나는 | | 본다 | | TV를 | | 내가 | | 먹는다 | | 저녁을 |

❶ before
❷ after
❸ when

⟨before + 문장⟩은 '~하기 전에', ⟨after + 문장⟩은 '~한 후에',
⟨when + 문장⟩은 '~할 때'라는 의미가 돼요.

ANSWER ❷ after

★ 알맞은 접속사를 골라 볼까요?

<u>비록</u> 뜨거웠<u>지만</u>, 난 그것을 마셨다.

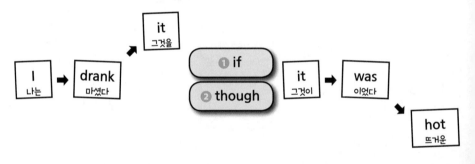

〈if + 문장〉은 '만약 ～이라면', 〈though + 문장〉은 '비록 ～이지만'이라는 의미가 돼요.

ANSWER ❷ though

❶ 접속사 는 말과 말을 <u>이어 주는 말</u>이에요.

❷ <u>같은 말은 생략하고, 나머지 말만 연결할 수 있는 접속사</u>에는 <u>and, but, or</u>가 있어요.

그리고	하지만	또는
and	**but**	**or**

❸ 문장과 문장 을 연결하는 접속사에는 <u>because와 so</u>가 있어요.

왜냐하면	따라서
because	**so**

❹ 시간 관계를 설명하는 접속사에는 <u>after, before, when</u>이 있어요.

~ 후에	~ 전에	~할 때
after	**before**	**when**

❺ 조건 을 설명하는 접속사인 <u>if</u>와 ' 비록 ~이지만 '의 뜻인 <u>though</u>도 있어요.

만약 ~이라면	비록 ~이지만
if	**though**

개념 확인 이 Chapter에서 배운 중요 개념을 빈칸을 채우며 확인하세요.

❶ _____ 는 말과 말을 <u>이어 주는 말</u>이에요.

❷ <u>같은 말은 생략</u>하고, 나머지 말만 연결할 수 있는 접속사에는 <u>and, but, or</u>가 있어요.

그리고	하지만	또는
		or

❸ **문장과 문장** 을 연결하는 접속사에는 <u>because와 so</u>가 있어요.

왜냐하면	따라서
	so

❹ _____ 관계를 설명하는 접속사에는 <u>after, before, when</u>이 있어요.

~ 후에	~ 전에	~할 때
after		

❺ _____ 을 설명하는 접속사인 <u>if</u>와 '**비록 ~이지만**'의 뜻인 <u>though</u>도 있어요.

만약 ~이라면	비록 ~이지만

CHAPTER 11
부정문

부정문(否定文)은 '아니다'라는 부정을 나타내는 문장으로,
문장에 not('~지 않다')이 들어가요.

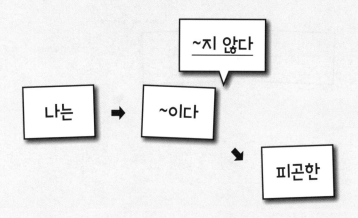

밑줄 친 '~지 않다'가
동사인 '~이다'를 부정하는 <u>not</u>의 의미예요.

『 be동사의 경우에는, 우리말과 같이

be동사 뒤에 <u>not</u>을 넣으면 부정문이 돼요. 』

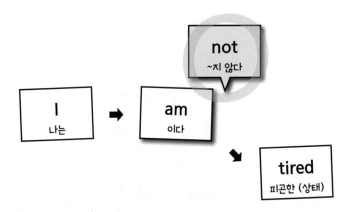

『 하지만, 일반동사 뒤에는 그냥 not을 넣으면 안 돼요.

그럼, 일반동사의 부정문은 **어떻게 만들까요?** 』

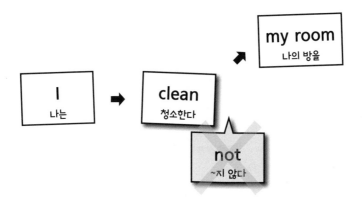

『 일반동사의 경우,
동사 앞에 조동사 do를 넣고,
그 뒤에 not을 넣어요. 』

『 단, 주어가 <u>3인칭 단수</u>이면,

조동사 does + 동사원형으로 쓰고,

조동사 does 뒤에 not을 넣어요. 』

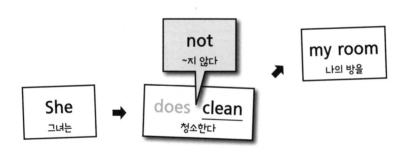

| not
~지 않다 | my room
나의 방을 |

She
그녀는 → does clean
청소한다

『be동사 is와 are는
not과 줄여 쓸 수 있어요.』

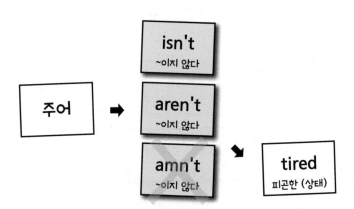

주어	→	isn't ~이지 않다		
		aren't ~이지 않다	↗	tired 피곤한 (상태)
		~~amn't~~ ~이지 않다		

○ am not은 줄여 쓰지 않아요.

부정문 **6**

『 조동사 do와 does는
not과 줄여 쓸 수 있어요. 』

주어 ➡ don't **clean**
청소하지 않는다

doesn't **clean**
청소하지 않는다
�↗ my room
나의 방을

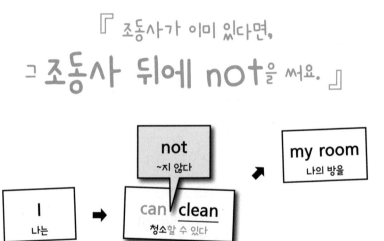

『조동사가 이미 있다면,

그 조동사 뒤에 not을 써요.』

not
~지 않다

my room
나의 방을

I
나는

can clean
청소할 수 있다

❍ 조동사와 not도 줄여 쓸 수 있어요.
cannot → can't / must not → mustn't (단, may not은 줄여 쓰지 않아요.)
❍ can의 부정은 can not을 붙여서 cannot으로 써요.

★ 알맞은 것을 골라 부정문을 완성해 볼까요?

그것들은 무겁<u>지 않다.</u>

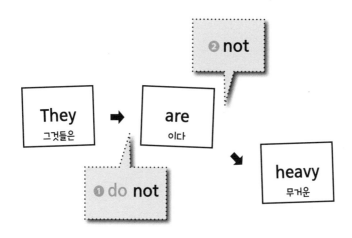

be동사의 부정문은 〈be동사 + not〉이고,
일반동사의 부정문은 〈do/does + not + 동사원형〉으로 표현해요.

ANSWER ❷ not

★ 알맞은 것을 골라 부정문을 완성해 볼까요?

나는 나의 직업을 <u>좋아하지 않는다</u>.

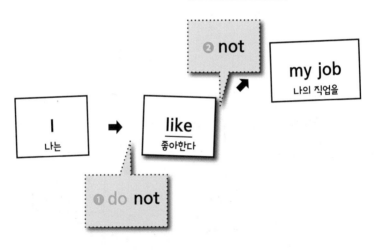

be동사의 부정문은 ⟨be동사 + not⟩이고,
일반동사의 부정문은 ⟨do/does + not + 동사원형⟩으로 표현해요.

ANSWER ❶ do not

★ 알맞은 것을 골라 볼까요?

그는 자전거를 <u>타지 않는다</u>.

❶ don't **ride**
타지 않는다

❷ doesn't **ride**
타지 않는다

He
그는

a bike
자전거를

일반동사의 부정은 do not을 동사 앞에 쓰지만,
주어가 3인칭 단수인 경우에는 does not을 써서 부정문을 만들어요.
이때 동사는 원형을 쓰고, do/does not은 줄여 쓸 수 있어요.

ANSWER ❷ doesn't ride

★ 알맞은 것을 골라 부정문을 완성해 볼까요?

너는 그 번호를 <u>잊어서는 안 된다.</u>

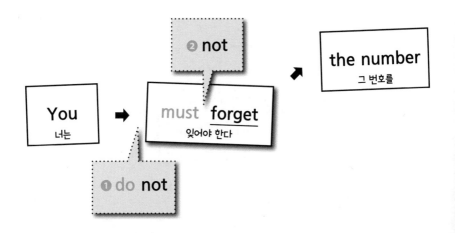

이미 조동사가 있는 경우, 그 조동사 뒤에 not을 써요.

ANSWER ❷ not

부정문

❶ **부정문** 은 '아니다'라는 부정을 나타내는 문장으로, **not** 을 넣어 만들어요.

❷ be동사 부정문은 **be동사** + **not** 이에요. 줄여 쓸 수도 있어요.

he, she, it	is not	isn't
we, you, they	are not	aren't
I	am not	–

❸ 일반동사 부정문은 조동사 **do** + **not** + **동사원형** 이에요.

단, 주어가 3인칭 단수이면 조동사 **does** 를 써요.

❹ 일반동사 부정문도 줄여서 쓸 수 있어요.

3인칭 단수 주어	does not	doesn't
그 외 주어	do not	don't

❺ 조동사 부정문은 **조동사** + **not** 이에요. 줄여 쓸 수도 있어요.

can	cannot	can't
must	must not	mustn't
may	may not	–

이 Chapter에서 배운 중요 개념을 빈칸을 채우며 확인하세요.

① **부정문** 은 '아니다'라는 부정을 나타내는 문장으로,　　　　　을 넣어 만들어요.

② be동사 부정문은　　　　　+　　　　　이에요. 줄여 쓸 수도 있어요.

he, she, it		**isn't**
we, you, they	**are not**	
I		–

③ 일반동사 부정문은 조동사　　　　　+　　　　　+ **동사원형** 이에요.

단, 주어가 3인칭 단수이면 조동사　　　　　를 써요.

④ 일반동사 부정문도 줄여서 쓸 수 있어요.

3인칭 단수 주어	**does not**	
그 외 주어		**don't**

⑤ 조동사 부정문은　　　　　+　　　　　이에요. 줄여 쓸 수도 있어요.

can		**can't**
must	**must not**	
may	**may not**	–

CHAPTER 12

의문문

의문문(疑問文)이란 '질문을 하는 문장'으로,
긍정문의 주어와 동사의 어순을 바꾸거나 조동사를 이용해서 만들어요.

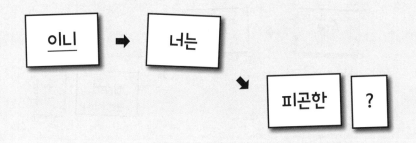

우리말은 동사의 끝을 변화시켜 의문문을 만들지만,
영어는 동사의 위치를 변화시켜 <u>의문문</u>을 만들어요.

『 <u>be동사</u>를 **주어 앞에** 쓰면 의문문이 돼요. 』

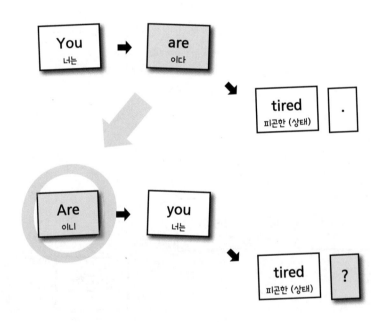

❍ 문장의 <u>첫 글자</u>는 대문자로 써요.
의문문 맨 뒤에는 <u>물음표</u>를 붙여요.

『 하지만, 일반동사는 자리를 옮기지 않아요.

그럼, 일반동사의 의문문은 **어떻게 만들까요?** 』

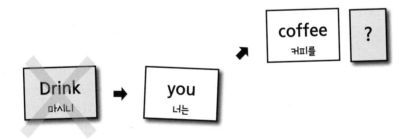

『 일반동사는 그대로 두고,

주어 앞에 조동사 Do를 써요. 』

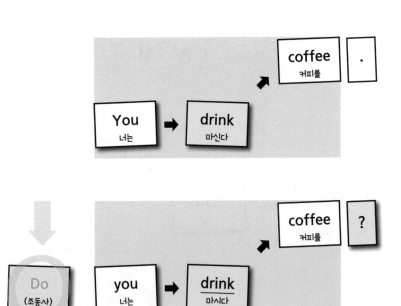

『 단, 주어가 3인칭 단수이면,

주어 앞에 Does를 쓰고

동사는 원형을 써요. 』

Does
(조동사)

she
그녀는

drink
마시다

동사원형

coffee
커피를

?

『 조동사가 이미 있다면,

그 조동사를 주어 앞으로 옮겨요. 』

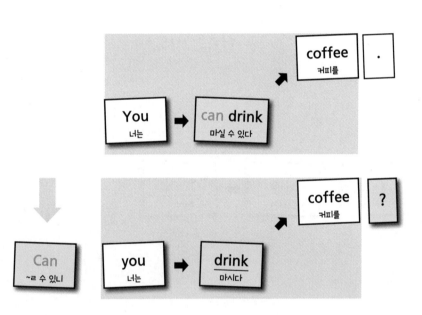

『 be동사로 물으면,

be동사로 대답해요. 』

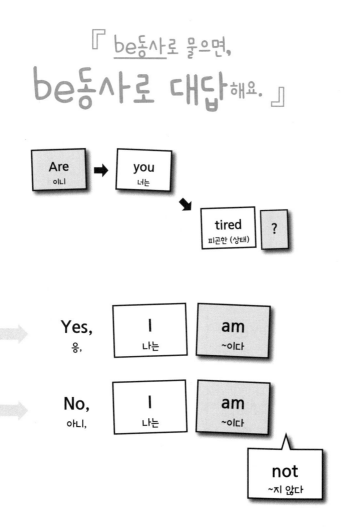

| Are 이니 | → | you 너는 | | |
| | | | tired 피곤한 (상태) | ? |

Yes, 응, | I 나는 | am ~이다

No, 아니, | I 나는 | am ~이다

not ~지 않다

『 조동사 Do로 물으면 do로,
조동사 Does로 물으면 does로 대답해요. 』

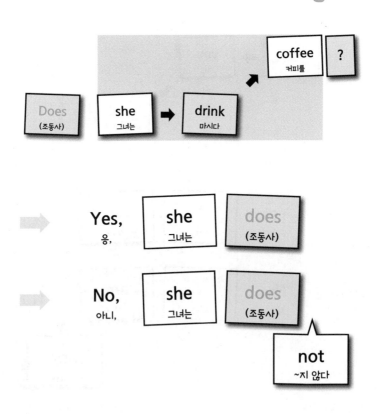

『 다른 조동사로 물으면,
그 조동사로 대답해요. 』

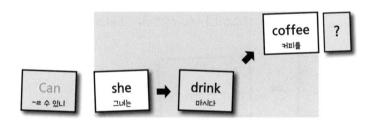

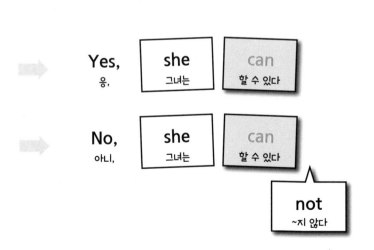

★ 주어진 말을 알맞은 자리에 알맞은 형태로 넣어 볼까요?

그녀는 가수이니? (she: 그녀는, be: 이다)

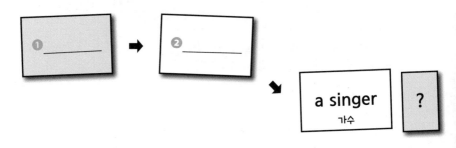

be동사 의문문은 be동사를 주어 앞에 쓰고,
일반동사 의문문은 조동사 Do나 Does를 주어 앞에 써요.

ANSWER ❶ Is ❷ she

★ 주어진 말을 알맞은 자리에 알맞은 형태로 넣어 볼까요?

그들은 나의 여동생을 <u>아니</u>? (know: 알다, do: 조동사)

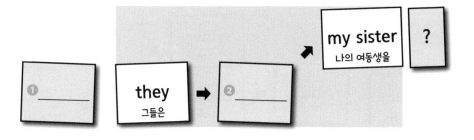

❶_____ they 그들은 ➡ ❷_____ ➡ my sister 나의 여동생을 ?

be동사 의문문은 be동사를 주어 앞에 쓰고,
일반동사 의문문은 조동사 Do나 Does를 주어 앞에 써요.

ANSWER ❶ Do ❷ know

★ 각각의 자리에 알맞은 것을 골라 볼까요?

그는 고양이를 좋아하니?

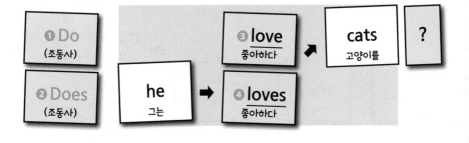

일반동사의 의문문은 Do를 주어 앞에 쓰지만, 주어가 3인칭 단수인 경우는 Does를 주어 앞에 써요.
조동사 do/does를 쓸 때, 동사는 항상 원형을 써요.

★ 주어진 말을 알맞은 자리에 알맞은 형태로 넣어 볼까요?

그가 너의 펜을 <u>빌릴 수 있니?</u> (borrow: 빌리다, can: ~할 수 있다)

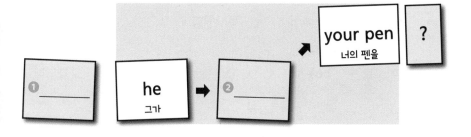

조동사가 있는 경우에는 Do/Does를 추가할 필요 없이 그 조동사를 주어 앞에 써요.
조동사를 쓸 때 동사는 항상 원형을 써요.

ANSWER ① Can ② borrow

의문문

❶ **의문문** 은 질문을 하는 문장으로, **동사** 의 위치를 바꾸거나
조동사를 이용하여 만들어요.

❷ **be동사 의문문** 은 be동사를 주어 앞에 써요.

⇒ **be동사** + **주어** ~?

❸ **일반동사 의문문** 은 조동사 do를 주어 앞에 써요. 3인칭 단수 주어는 does를 써요.

⇒ **Do/Does** + **주어** + **동사원형** ~?

❹ **조동사 의문문** 은 조동사를 주어 앞에 써요.

⇒ **조동사** + **주어** + **동사원형** ~?

❺ be동사로 물으면 **be동사** 로, Do/Does로 물으면 **do/does** 로 대답해요.

	be동사 의문문 대답	일반동사 의문문 대답
긍정 대답	Yes, 주어 + **be동사**	Yes, 주어 + **do/does**
부정 대답	No, 주어 + **be동사** + **not**	No, 주어 + **do/does** + **not**

❻ 조동사로 물어보면, **조동사** 로 대답해요.

· 긍정 대답 – Yes, 주어 + **조동사** .

· 부정 대답 – No, 주어 + **조동사** + **not** .

❶ ⬚⬚⬚ 은 질문을 하는 문장으로, ⬚⬚⬚⬚ 의 위치를 바꾸거나 조동사를 이용하여 만들어요.

❷ **be동사 의문문** 은 be동사를 주어 앞에 써요.

⇒ ⬚⬚⬚ + **주어** ~?

❸ **일반동사 의문문** 은 조동사 do를 주어 앞에 써요. <u>3인칭 단수 주어</u>는 does를 써요.

⇒ ⬚⬚⬚ + **주어** + ⬚⬚⬚ ~?

❹ **조동사 의문문** 은 조동사를 주어 앞에 써요.

⇒ ⬚⬚⬚ + **주어** + ⬚⬚⬚ ~?

❺ <u>be동사로 물으면</u> ⬚⬚⬚ 로, <u>Do/Does로 물으면</u> ⬚⬚⬚ 로 대답해요.

	be동사 의문문 대답	일반동사 의문문 대답
긍정 대답	Yes, 주어 +	Yes, 주어 +
부정 대답	No, 주어 + **be동사** +	No, 주어 + **do/does** +

❻ 조동사로 물어보면, ⬚⬚⬚ 로 대답해요.

· <u>긍정 대답</u> – Yes, 주어 + **조동사** .

· <u>부정 대답</u> – No, 주어 + ⬚⬚⬚ + ⬚⬚⬚ .

CHAPTER 13

의문사

의문사는 구체적인 답을 요구할 때 쓰는 말로,
'언제, 어디서, 누가, 무엇을, 어떻게, 왜'와 같은 말들이에요.

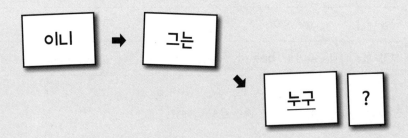

이니 ➡ 그는

누구 ?

밑줄 친 단어가
구체적인 이유를 묻는 <u>의문사</u>예요.

『 의문사는 보어의 자리에 쓰지 않아요.

그럼, 의문사의 자리는 <u>어디일까요?</u> 』

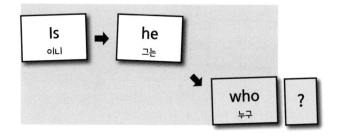

Is	→	he
이니		그는

who
누구

?

• 의문사의 종류

누구	무엇	언제	어디에	어떻게	왜	어느	누구의
who	what	when	where	how	why	which	whose

의문사 2

『 의문사는 **문장의 맨 앞**에 쓰고,

그 뒤는 <u>be동사 + 주어</u>로 써요. 』

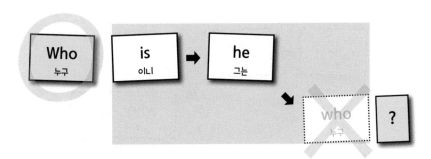

Who
누구

is
이니

→

he
그는

↘

who
누구

?

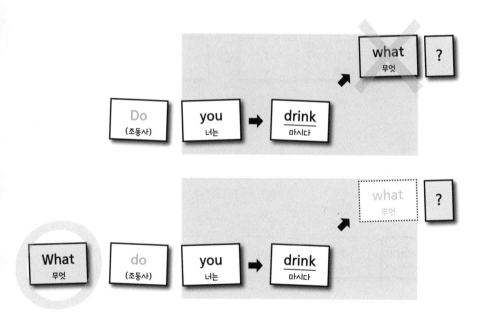

『일반동사의 경우에도,

의문사는 **문장의 맨 앞**에 쓰고,

그 뒤는 조동사 do/does + 주어 + 동사원형으로 써요. 』

what
무엇

?

Do
(조동사)

you
너는

drink
마시다

what
무엇

?

What
무엇

do
(조동사)

you
너는

drink
마시다

『 의문사 What 뒤에 명사를 붙여서,

하나의 의문사(무슨 ~)처럼 쓸 수 있어요. 』

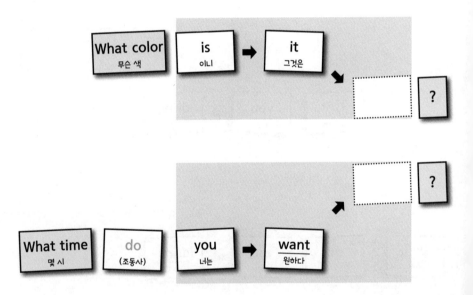

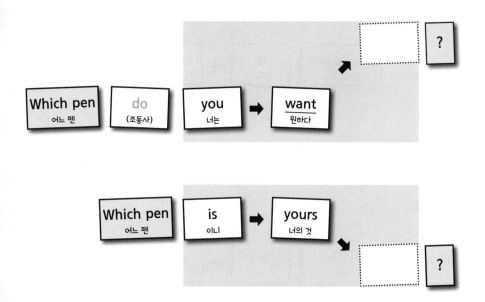

의문사 5

『 의문사 Which 뒤에 명사를 붙여서,
하나의 의문사(어느 ~)처럼 쓸 수 있어요. 』

Which pen 어느 펜   do (조동사)   you 너는 → want 원하다   ?

Which pen 어느 펜   is 이니 → yours 너의 것   ?

『 의문사 Whose 뒤에 명사를 붙여서,
하나의 의문사(누구의 ~)처럼 쓸 수 있어요. 』

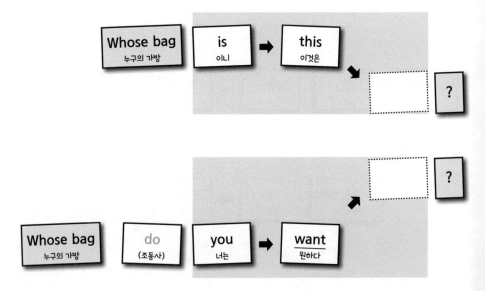

| Whose bag
누구의 가방 | is
이니 | → | this
이것은 | → | | ? |

| | | | | Whose bag
누구의 가방 | do
(조동사) | you
너는 | → | want
원하다 | ? |

『 의문사 **How** 뒤에 형용사를 붙여서,

하나의 의문사(얼마나 ~한)처럼 쓸 수 있어요. 』

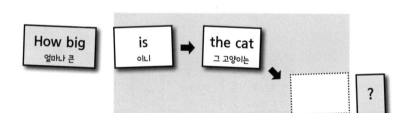

- 의문사 How + 형용사 : 얼마나 ~한
How tall are you? (너는 얼마나 키가 크니?)
How old is he? (그는 얼마나 나이가 들었니(몇 살이니)?)

『 의문사 **How** 뒤에 부사를 붙여서,

하나의 의문사(얼마나 ~하게)처럼 쓸 수 있어요. 』

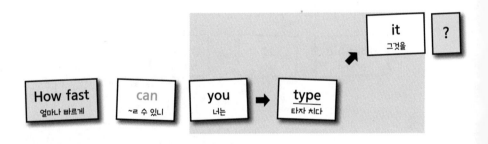

- 의문사 How + 부사 : 얼마나 ~하게

<u>How often</u> do you read books? (얼마나 자주 책을 읽니?)

<u>How long</u> does it take? (얼마나 오래 걸리니?)

★ 주어진 의문사가 들어갈 알맞은 자리를 골라 볼까요?

이분들은 누구이니? (who: 누구)

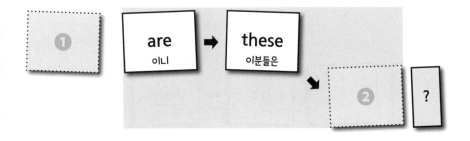

의문사는 맨 앞에 쓰고,
그 뒤에 〈be동사 + 주어〉 또는 〈조동사 do/does + 주어 + 동사원형〉을 써요.

ANSWER ❶ Who

♣ 주어진 말을 알맞은 자리에 알맞은 형태로 넣어 볼까요?

그는 무엇을 원하니? (what: 무엇, do: 조동사)

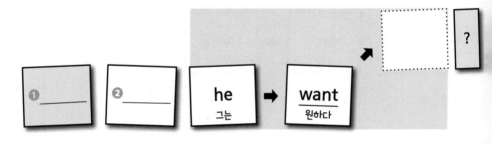

be동사의 의문사 의문문은 〈의문사 + be동사 + 주어 ~?〉,
일반동사의 의문사 의문문은 〈의문사 + do/does + 주어 + 동사원형 ~?〉으로 표현해요.

ANSWER ❶ What ❷ does

★ 주어진 말을 알맞은 자리에 넣어 볼까요?

어느 컵이 나의 것이니? (cup: 컵, which: 어느, is: 이다)

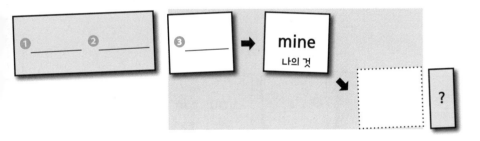

❶ _____ ❷ _____ ❸ _____ ➡ **mine**
나의 것

?

"의문사 + 명사"는 하나의 의문사처럼 쓰이며,
그 뒤에는 〈be동사 + 주어〉 또는 〈조동사 do/does + 주어 + 동사원형〉을 써요.

ANSWER ❶ Which ❷ cup ❸ is

★ 주어진 말을 알맞은 자리에 넣어 볼까요?

너는 얼마나 빠르게 달릴 수 있니? (fast: 빠르게, how: 얼마나, can: ~ㄹ 수 있다)

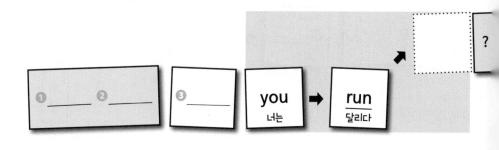

❶ _____ ❷ _____   ❸ _____   **you** 너는 ➡ **run** 달리다   ?

"How + 형용사/부사"는 하나의 의문사처럼 쓰이며,
그 뒤에는 〈be동사 + 주어〉 또는 〈조동사(do/does) + 주어 + 동사원형〉을 써요.

1 **의문사** 는 구체적인 답을 요구하는 질문을 할 때 쓰는 말이에요.

누구	무엇	언제	어디에	어떻게	왜	어느	누구의
who	what	when	where	how	why	which	whose

2 **be동사** 의 경우, 의문사는 **문장의 맨 앞** , 그 뒤는 <u>be동사 + 주어</u>로 써요.

⇒ **의문사** + **be동사** + **주어** ~ ?

3 **일반동사** 의 경우, 의문사는 맨 앞, 그 뒤는 <u>do/does + 주어 + 동사원형</u>으로 써요.

⇒ **의문사** + **do/does** + **주어** + **동사원형** ~?

4 **의문사** + **명사** 는 하나의 의문사처럼 쓸 수 있어요.

무슨 ~	어느 ~	누구의 ~
What + 명사	**Which** + 명사	**Whose** + 명사

5 **How** + **형용사/부사** 도 하나의 의문사처럼 쓸 수 있어요.

얼마나 ~한	얼마나 ~하게
How + **형용사**	How + **부사**

❶ _____ 는 구체적인 답을 요구하는 질문을 할 때 쓰는 말이에요.

누구	무엇	언제	어디에	어떻게	왜	어느	누구의
		when	where	how	why	which	whose

❷ **be동사** 의 경우, 의문사는 _____, 그 뒤는 <u>be동사 + 주어</u>로 써요.

⇒ _____ + _____ + **주어** ~ ?

❸ **일반동사** 의 경우, 의문사는 맨 앞, 그 뒤는 <u>do/does + 주어 + 동사원형</u>으로 써요.

⇒ _____ + _____ + **주어** + _____ ~?

❹ **의문사** + _____ 는 하나의 의문사처럼 쓸 수 있어요.

무슨 ~	어느 ~	누구의 ~
_____ + 명사	**Which** + 명사	_____ + 명사

❺ _____ + **형용사/부사** 도 하나의 의문사처럼 쓸 수 있어요.

얼마나 ~한	얼마나 ~하게
How + _____	How + _____

CHAPTER 14
과거 시제 I

be동사의 과거 시제는 '과거에 끝난 상태'를 나타낼 때 쓰는 시제로,
be동사 현재형을 과거형으로 바꿔서 표현해요.

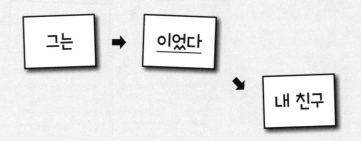

동사의 형태를 '~이다'에서
'~이었다'로 변화시켜 <u>과거</u>를 표현해요.

『 be동사의 현재형 is를 과거형 was로 바꾸면,
과거에 끝난 일(상태)을 표현해요. 』

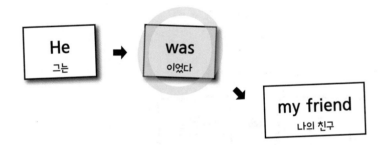

He 그는	→	was 이었다

↘ my friend 나의 친구

과거 시제 1 (be동사) 2

『 be동사의 과거형은 <u>was</u> 하나가 아니라,

주어에 맞게 **was** 또는 **were**를 써요. 』

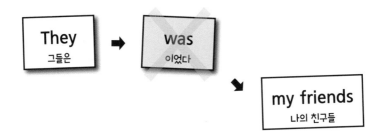

They
그들은

➡ ~~**was**~~
이었다

↘ **my friends**
나의 친구들

『be동사의 현재형 am, is의 과거형은 was,
현재형 are의 과거형은 were로 써요.』

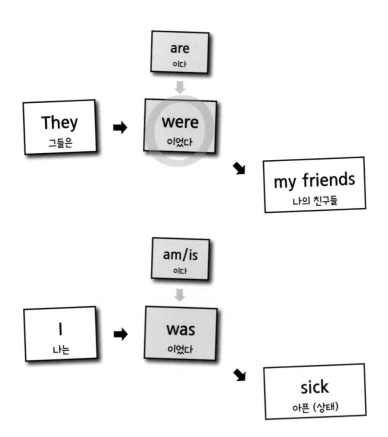

『 be동사의 과거 부정문도 현재형과 같이
be동사 과거형 뒤에 **not**을 붙이면 돼요. 』

not
~지 않다

You
너는

were
이었다

sick
아픈 (상태)

『 be동사 **was**와 **were**도
<u>not과 줄여 쓸 수 있어요.</u>』

They	→	weren't
그들은		이 아니었다

my friends
내 친구들

I	→	wasn't
나는		이지 않았다

sick
아픈 (상태)

『 be동사 was/were를
주어 앞에 쓰면 의문문이 돼요. 』

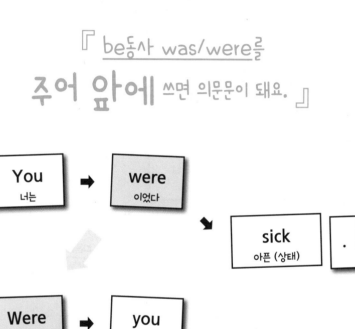

『 be동사의 과거형으로 물으면,

be동사의 **과거형으로 대답**해요. 』

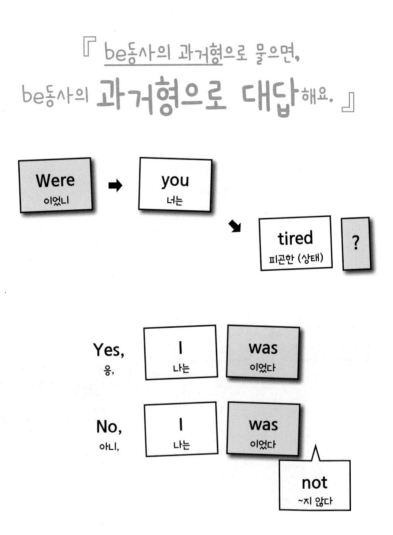

Were 이었니	→	you 너는			
			tired 피곤한 (상태)	?	

Yes,
응, I
나는 **was**
이었다

No,
아니, I
나는 **was**
이었다 not
~지 않다

♣ 알맞은 be동사를 골라 볼까요?

나는 작가이<u>었다.</u>

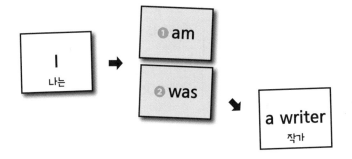

과거에 끝난 일(상태)을 말할 때는 be동사의 과거형을 쓰며,
be동사의 과거형은 주어에 따라 was/were를 써요.

ANSWER ❷ was

★ 알맞은 be동사를 골라 볼까요?

그 신발들은 새것이었다.

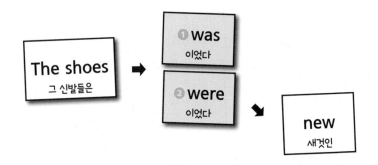

am, is의 과거형은 was, are의 과거형은 were예요.

ANSWER ❷ were

★ 알맞은 말을 넣어 부정문을 만들어 볼까요?

그들은 게으르지 않았다.

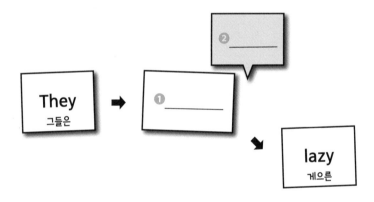

be동사 과거 부정문은 〈was/were + not〉의 형태로 써요.

ANSWER ❶ were ❷ not

★ 주어진 말과 알맞은 be동사를 넣어 문장을 완성해 볼까요?

그 시계는 비쌌나요? (the watch: 그 시계)

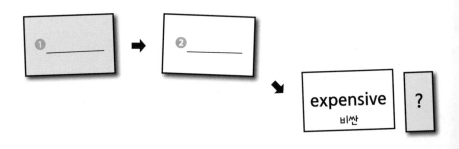

be동사 과거 의문문은 〈Was/Were + 주어 ~?〉의 형태로 써요.

과거 시제 I (be동사)

1 be동사의 **과거 시제** 는 <u>과거에 끝난 상태</u>를 말할 때 쓰는 시제로,

be동사 현재형을 **과거형** 으로 바꿔서 표현해요.

2 **be동사 과거형** 은 주어에 따라 was/were 중 하나를 써요.

be동사 현재형	**am, is**	**are**
be동사 과거형	**was**	**were**

3 be동사 **과거 부정문, 의문문** 만드는 방법은 현재형과 같고, <u>be동사만 과거형</u>을 써요.

· <u>부정문</u> – 주어 + **was/were** + **not** ~.

· <u>의문문</u> – **Was/Were** + **주어** ~?

4 be동사 **과거 의문문에 대한 대답** 은 <u>be동사 과거형</u>으로 해요.

· <u>긍정 대답</u> – Yes, 주어 + **was/were** .

· <u>부정 대답</u> – No, 주어 + **was/were** + **not** .

❶ be동사의   는 과거에 끝난 상태를 말할 때 쓰는 시제로,

  be동사 현재형을   으로 바꿔서 표현해요.

❷   **be동사 과거형** 은 주어에 따라 was/were 중 하나를 써요.

be동사 현재형	am, is	are
be동사 과거형		

❸ be동사 **과거 부정문, 의문문** 만드는 방법은 현재형과 같고, be동사만 과거형을 써요.

 · 부정문 – 주어 +   +   ~.

 · 의문문 –   +   ~?

❹ be동사 **과거 의문문에 대한 대답** 은 be동사 과거형으로 해요.

 · 긍정 대답 – Yes, 주어 +   **was/were** .

 · 부정 대답 – No, 주어 +   +   .

CHAPTER 15
과거 시제 2

일반동사의 과거시제는 '과거에 끝난 동작'을 말할 때 쓰는 시제로,
동사원형을 과거형으로 바꿔 써요.

동사의 형태를 '열다'에서
'열었다'로 변화시켜 <u>과거</u>를 표현해요.

『 일반동사의 과거형은 주어에 상관없이
동사원형에 -ed를 붙여요. 』

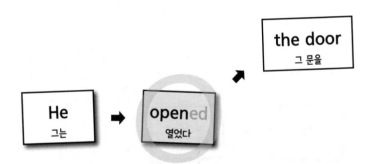

the door
그 문을

He
그는

opened
열었다

『 하지만, 모든 일반동사의 과거형이
'동사원형 + -ed'는 **아니에요.** 』

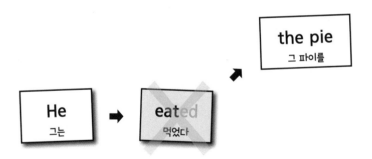

『원형과 다른 과거형도 있고, 원형과 같은 과거형도 있으니,
기본적인 동사의 과거형은 **암기해 두세요.** 』

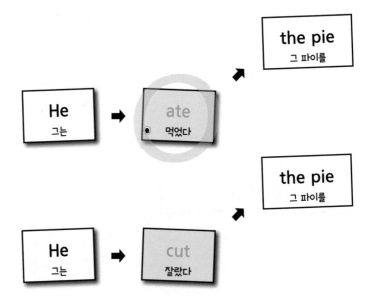

(p. 324 ~ 327 참고)

원형 ≠ 과거형	원형 = 과거형
먹다 eat – ate	자르다 cut – cut
보다 see – saw	치다 hit – hit

『 주어와 상관없이, 일반동사 앞에

did not + 동사원형을 쓰면 과거 부정문이 돼요. 』

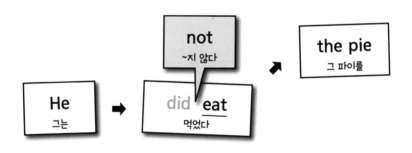

not	the pie
~지 않다	그 파이를

He	did eat
그는	먹었다

- 과거 부정문을 만들 때 쓰는 did는 조동사이므로, 뒤에 동사는 원형을 써요.
(did는 do의 과거형)

『 did not도 줄여 쓸 수 있어요. 』

He	didn't eat	the pie
그는	먹지 않았다	그 파이를

『 주어에 상관없이

주어 앞에 did를 쓰면 의문문이 돼요. 』

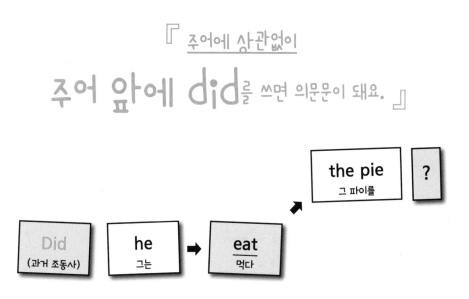

• 과거 부정문을 만들 때 쓰는 did는 조동사이므로
뒤에 동사는 원형을 써요.

『 조동사 Did로 물으면, did로 대답해요. 』

★ 주어진 동사를 알맞은 형태로 넣어 볼까요?

제니가 나를 <u>불렀다</u>. (call: 부르다)

동사의 과거형은 동사원형에 -ed를 붙이는 규칙 변화와,
-ed를 붙이지 않는 불규칙 변화가 있어요.
call은 규칙 변화를 하는 동사예요.

ANSWER called

★ 알맞은 것을 골라 볼까요?

나는 그 뉴스를 보았다. (see: 보다)

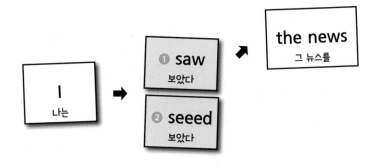

동사의 과거형은 동사원형에 -ed를 붙이는 규칙 변화와,
-ed를 붙이지 않는 불규칙 변화가 있어요.
see는 불규칙 변화를 하는 동사예요.

ANSWER ❶ saw

★ 알맞은 말을 넣어 과거 부정문을 만들어 볼까요?

그들은 그 파티를 즐기지 않았다.

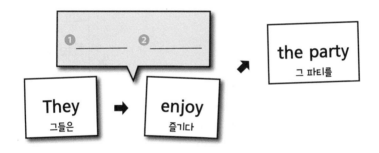

❶＿＿＿＿＿ ❷＿＿＿＿＿

the party
그 파티를

They
그들은 ➡ enjoy
즐기다

일반동사 현재 시제의 부정문은 〈do/does + not + 동사원형〉이었다면,
과거 시제의 부정문은 조동사 do/does 대신 과거형인 did를 써요.

ANSWER ❶ did ❷ not

★ 주어진 동사와 조동사를 알맞은 자리에 알맞은 형태로 넣어 볼까요?

그는 그 일을 <u>끝냈니?</u> (finish: 끝내다, do: 조동사)

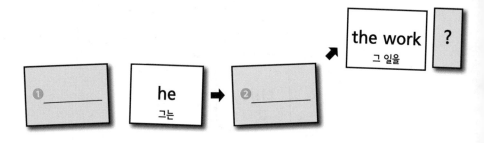

| ❶ _____ | he
그는 | ➡ | ❷ _____ | the work
그 일을 | ? |

일반동사 현재 시제의 의문문은 ⟨Do/Does + 주어 + 동사원형 ~?⟩이었다면,
과거 시제의 의문문은 조동사 Do/Does 대신 Did를 써요.

ANSWER ❶ Did ❷ finish

과거 시제 2 (일반동사)

① **일반동사 과거형** 은 일반적으로 동사원형에 **-ed** 를 붙여요.

② 불규칙 과거형에는 동사원형과 다른 과거형과 같은 과거형이 있어요.

원형 ≠ 과거형			원형 = 과거형		
가다	**go**	–	**went**	치다	**hit**	–	**hit**
보다	**see**	–	**saw**	놓다	**put**	–	**put**

③ 일반동사 **과거 부정문, 의문문** 만드는 방법은 현재형과 같고, 조동사만 did를 써요.

· 부정문 – 주어 + **did** + **not** + **동사원형** ~.

· 의문문 – **Did** + **주어** + **동사원형** ~?

④ 일반동사 **과거 의문문에 대한 대답** 은 조동사 **did** 로 해요.

· 긍정 대답 – Yes, 주어 + **did** .

· 부정 대답 – No, 주어 + **did** + **not** .

① **일반동사 과거형** 은 일반적으로 동사원형에   를 붙여요.

② 불규칙 과거형에는 <u>동사원형과 다른 과거형</u>과 <u>같은 과거형</u>이 있어요.

원형 ≠ 과거형			원형 = 과거형		
가다	**go**	–	치다	**hit**	–
보다	**see**	– **saw**	놓다	**put**	–

③ 일반동사 **과거 부정문, 의문문** 만드는 방법은 현재형과 같고, <u>조동사만 did</u>를 써요.

· <u>부정문</u> – 주어 +   +   + **동사원형** ~.

· <u>의문문</u> –   + **주어** +   ~?

④ 일반동사 **과거 의문문에 대한 대답** 은 조동사 **did** 로 해요.

· <u>긍정 대답</u> – Yes, 주어 +   .

· <u>부정 대답</u> – No, 주어 +   +   .

CHAPTER 16
미래 시제

미래 시제는 현재 시점에서 '앞으로 다가올 일이나 상태'를 표현할 때 쓰는 시제예요.

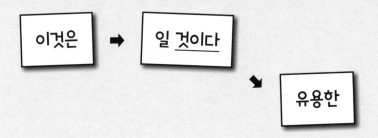

동사에 '~ㄹ 것이다'라는 의미를 더해
미래를 표현해요.

『 동사 앞에 will(~ㄹ 것이다)을 넣어,

미래를 표현하는 문장을 만들어 볼까요? 』

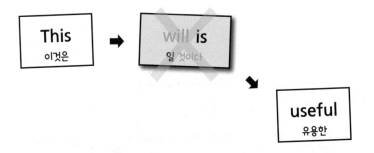

『 will(~ㄹ 것이다)은 조동사로,

뒤에는 동사원형을 써야 해요. 』

This	→	will be
이것은		일 것이다

useful
유용한

『 조동사 will의 부정문은,

조동사의 규칙에 따라 **will 뒤에 not**을 써요. 』

not
~지 않다

This
이것은

➡

will be
일 것이다

↘

useful
유용한

⭕ will not의 줄인 형태는 willn't가 아니라 <u>won't</u>예요.
will not = won't

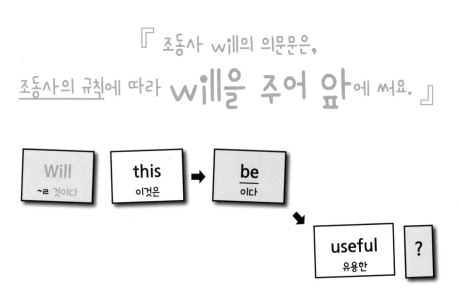

『 조동사 will의 의문문은,

조동사의 규칙에 따라 will을 주어 앞에 써요. 』

Will	this	be
~ㄹ 것이다	이것은	이다

useful	?
유용한	

『 조동사 will 이외에도 be going to로
'~할 예정이다'라는 미래 표현을 할 수 있어요. 』

This		is going to be
이것은	→	일 예정이다

useful
유용한

『 be going to의 <u>be</u>는
be동사의 규칙에 따라 **주어에 맞춰요.** 』

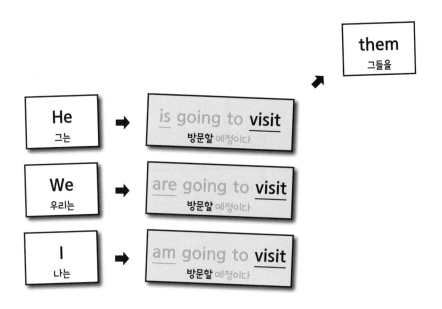

them
그들을

He
그는
→ is going to visit
방문할 예정이다

We
우리는
→ are going to visit
방문할 예정이다

I
나는
→ am going to visit
방문할 예정이다

『 be going to의 <u>부정문</u>은, be동사의 규칙에 따라
be동사 뒤에 not을 써요. 』

『 be going to의 <u>의문문</u>은, be동사의 규칙에 따라

주어 앞에 be동사를 써요. 』

them
그들을

?

Is

he
그는

going to visit
방문할 예정이다

★ 주어진 말을 알맞은 자리에 알맞은 형태로 넣어 볼까요?

그녀는 그 시험을 <u>통과할 것이다.</u> (pass: 통과하다, will: ~할 것이다)

미래 시제는 조동사 will(~ㄹ 것이다)을 동사 앞에 써서 표현해요.
이때, 동사는 원형을 써요.

ANSWER ❶ will ❷ pass

★ 부정의 not이 들어갈 알맞은 자리를 골라 볼까요?

우리는 늦지 <u>않을</u> 것이다. (not: ~지 않다)

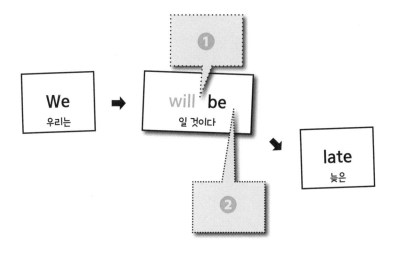

We
우리는

➡️

will be
일 것이다

①

②

➡️

late
늦은

will 미래 시제의 부정은 조동사의 규칙에 따라
조동사 뒤에 not을 붙여요.

ANSWER ①

★ 주어진 말을 알맞은 자리에 알맞은 형태로 넣어 볼까요?

그는 약간의 책을 <u>살 예정이다.</u> (buy: 사다, be going to: ~할 예정이다)

some books
약간의 책을

He
그는

➊ _____ ➋ _____
살 예정이다

⟨be going to + 동사원형⟩은 주어에 따라 be가 달라져요.
be going to의 부정문, 의문문도 be동사의 규칙에 따라요.

ANSWER ➊ is going to ➋ buy

★ 주어진 말을 알맞은 자리에 알맞은 형태로 넣어 볼까요?

그들은 그녀를 <u>만날 예정이니</u>? (meet: 만나다, be going to: ~할 예정이다)

❶ _____   **they**   ➡   ❷ _____   ❸ _____   ↗   **her**   **?**
그들은   만날 예정이다   그녀를

<be going to + 동사원형>은 주어에 따라 be가 달라져요.
be going to의 부정문, 의문문도 <u>be동사의 규칙</u>에 따라요.

ANSWER ❶ Are ❷ going to ❸ meet

미래 시제

❶ 　미래 시제　는 앞으로 다가올 일이나 상태를 표현할 때 쓰는 시제예요.

❷ 미래 시제(~할 것이다)는　조동사 will　+　동사원형　으로 표현해요.

❸ 미래 시제　will의 부정문, 의문문　은 조동사의 규칙에 따라요.

· 부정문 – 주어 +　will　+　not　+ 동사원형 ~.

· 의문문 –　Will　+　주어　+ 동사원형 ~?

❹ '~할 예정이다'라는 미래 표현은　be going to　+　동사원형　으로 해요.
이때, be는 be동사의 규칙에 따라　주어　에 맞춰 써요.

❺ 　be going to의 부정문, 의문문　은 be동사의 규칙에 따라요.

· 부정문 – 주어 +　be　+　not　+　going to　+ 동사원형 ~.

· 의문문 –　Be　+　주어　+　going to　+ 동사원형 ~?

will과 be going to의 비교

will과 be going to 모두 미래를 표현하지만, 약간의 의미 차이가 있어요.

will + 동사원형	be going to + 동사원형
말하는 사람의 의지	예정 , 계획, 약속
A: 누가 갈 거니?	A: 오늘 뭐 하니?
B: I will go. 내가 갈 거야.	B: I am going to go camping. 나는 캠핑 갈 예정이야.

이 Chapter에서 배운 중요 개념을 빈칸을 채우며 확인하세요.

❶ ⬚⬚⬚⬚⬚⬚ 는 <u>앞으로 다가올 일이나 상태</u>를 표현할 때 쓰는 시제예요.

❷ 미래 시제(~할 것이다)는 ⬚⬚⬚⬚⬚ + **동사원형** 으로 표현해요.

❸ 미래 시제 **will의 부정문, 의문문** 은 <u>조동사의 규칙</u>에 따라요.

· <u>부정문</u> – 주어 + ⬚⬚⬚ + ⬚⬚⬚⬚ + 동사원형 ~.

· <u>의문문</u> – ⬚⬚⬚ + ⬚⬚⬚ + 동사원형 ~?

❹ <u>'~할 예정이다'</u>라는 미래 표현은 ⬚⬚⬚⬚⬚ + **동사원형** 으로 해요.

이때, be는 <u>be동사의 규칙</u>에 따라 **주어** 에 맞춰 써요.

❺ **be going to의 부정문, 의문문** 은 <u>be동사의 규칙</u>에 따라요.

· <u>부정문</u> – 주어 + ⬚⬚⬚ + ⬚⬚⬚ + **going to** + 동사원형 ~.

· <u>의문문</u> – ⬚⬚⬚ + **주어** + ⬚⬚⬚⬚ + 동사원형 ~?

---

will과 be going to의 비교

will과 be going to 모두 미래를 표현하지만, 약간의 의미 차이가 있어요.

⬚⬚⬚ + 동사원형		⬚⬚⬚⬚ + 동사원형	
말하는 사람의 **의지**		**예정** , 계획, 약속	
A: 누가 갈 거니?		A: 오늘 뭐 하니?	
B: <u>I will go</u>. 내가 갈 거야.		B: <u>I am going to go</u> camping. 나는 캠핑 갈 예정이야.	

CHAPTER 17
진행 시제

진행 시제는 '진행 중인, 하고 있는 일'을 표현할 때 쓰는 시제예요.

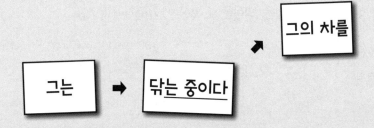

그는 → 닦는 중이다 → 그의 차를

밑줄 친 부분이 동사에 첨가되어
<u>진행 중인 일</u>을 표현해요.

『 '~하는 중이다, ~하고 있다'와 같이

현재 진행 중인 일은 **동사의 진행형**을 써야 해요. 』

- 현재 시제 *vs.* 진행 시제

현재 시제는 어떤 일을 '하는가, 하지 않는가'를 표현할 때 쓰고, '~한다'라는 의미예요.

진행 시제는 현재 진행되고 있는 일을 표현하고, '~하고 있다'라는 의미예요.

『현재 진행 중인 일을 표현할 때는,
동사의 형태를 be + 동사ing 로 바꿔요. 』

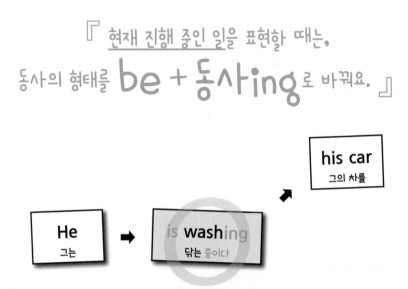

- 동사를 변형하고 -ing를 붙여야 하는 경우도 있어요.
(p. 328 ~ 332 참고)

『 be + 동사ing의 <u>be</u>는
be동사의 규칙에 따라 **주어에 맞춰요.** 』

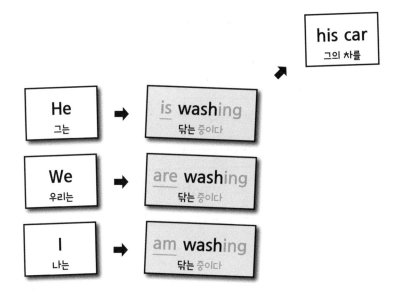

『 be + 동사ing의 부정문은, be동사의 규칙에 따라

be동사 뒤에 not을 써요. 』

not
~지 않다
He
그는
is washing
닦는 중이다
his car
그의 차를

『 be + 동사ing의 <u>의문문</u>은, be동사의 규칙에 따라

주어 앞에 be동사를 써요. 』

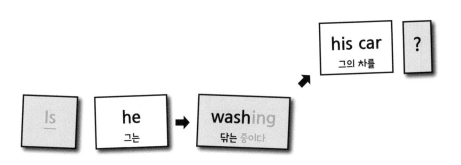

his car
그의 차를

?

Is

he
그는

washing
닦는 중이다

★ 알맞은 것을 골라 볼까요?

수지는 그녀의 숙제를 <u>하는 중이다.</u>

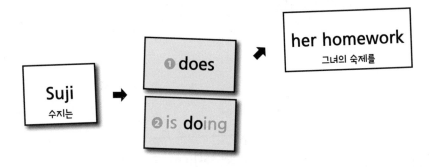

Suji
수지는

① does

② is doing

her homework
그녀의 숙제를

'~한다'라고 할 때는 현재 시제를 쓰고
'~하는 중이다'라고 할 때는 진행 시제를 나타내는 진행형 〈be + 동사ing〉를 써요.

ANSWER ② is doing

★ 알맞은 것을 골라 볼까요?

그들은 샌드위치를 <u>먹는 중이다</u>.

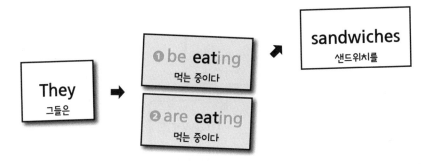

진행 시제의 be는 <u>be동사의 규칙</u>에 따라
주어가 3인칭 단수이면 is, 복수이면 are를 쓰고, I는 am을 you는 are를 써요.

ANSWER ❷ are eating

★ 진행 시제의 부정문을 만들어 볼까요?

그는 그림을 그리고 <u>있지 않다.</u>

진행 시제의 부정문은 be동사의 규칙에 따라,
be 뒤에 not을 써요.

ANSWER ❶ is ❷ not

280

★ 진행 시제의 의문문을 만들어 볼까요?

너는 그 상자들을 <u>옮기는 중이니</u>? (carry: 옮기다)

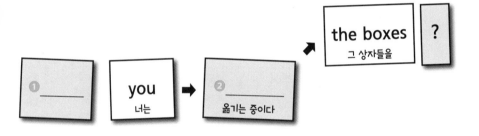

진행 시제의 의문문은 be동사의 규칙에 따라,
주어 앞에 Be를 써요.

ANSWER ❶ Are ❷ carrying

진행 시제

❶ 현재 진행 중인, 하고 있는 일을 표현할 때는 | **진행 시제** | 를 써요.

❷ 진행 시제는 동사 형태를 | **be** | + | **동사ing** | 로 바꿔서 표현해요.

❸ 'be + 동사ing'의 be는 | **be동사의 규칙** | 에 따라 주어에 맞춰서 써요.

I	am	+ 동사ing
You, 복수 주어	are	+ 동사ing
3인칭 단수 주어	is	+ 동사ing

❹ **진행 시제 부정문, 의문문** 도 be동사의 규칙에 따라 써요.

· 부정문 – 주어 + | **be** | + | **not** | + | **동사ing** | ~.

· 의문문 – | **Be** | + | **주어** | + | **동사ing** | ~?

282

① <u>현재 진행 중인, 하고 있는 일을 표현할 때는</u>   를 써요.

② 진행 시제는 동사 형태를 '   **be**   +   '로 바꿔서 표현해요.

③ 'be + 동사ing'의 be는   **be동사의 규칙**   에 따라 주어에 맞춰서 써요.

I	+ **동사ing**
You, 복수 주어	+ **동사ing**
3인칭 단수 주어	**is** +

④ **진행 시제 부정문, 의문문** 도 <u>be동사의 규칙</u>에 따라 써요.

· <u>부정문</u> – 주어 +   **be**   +   +   ~.

· <u>의문문</u> –   +   **주어**   +   ~?

자주 쓰이는 표현을 패턴으로 알아 두기

주요 표현

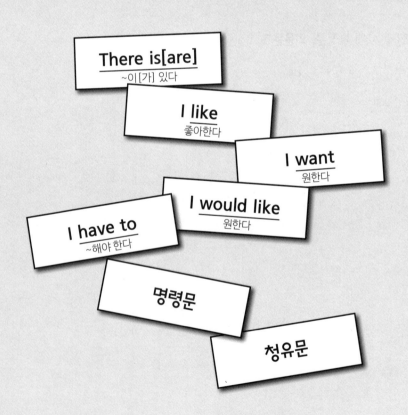

There is[are]
~이[가] 있다

I like
좋아한다

I want
원한다

I would like
원한다

I have to
~해야 한다

명령문

청유문

『 '~이[가] 있다'라고 표현할 때,

There is ~라는 표현을 써요. 』

There is	**+**	a man
이[가] 있다		한 남자

『 '복수 명사가 있다'라고 표현할 때,

There are ~를 써요. 』

There are 이[가] 있다	+	people 사람들

『 There is[are]의 <u>부정문</u>은, be동사의 규칙에 따라

be동사 뒤에 not을 써요. 』

> **not**
> ~지 않다

There is
이[가] 있다
+
any food
어떤 음식도

• There is[are]의 부정문 – There is[are] + not

『 There is[are]의 <u>의문문</u>은, be동사의 규칙에 따라

be동사를 문장 앞에 써요. 』

| **Is there**
이[가] 있니 | **+** | **any food**
어떤 음식이라도 | **?** |

• There is [are] 의 의문문 – Is [Are] there + 주어 ~?

『 There is(are)의 시제도
be동사를 변화시켜서 표현해요. 』

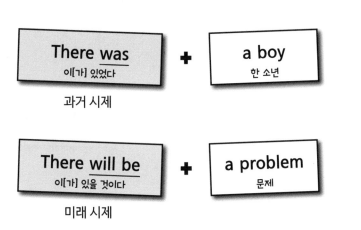

There was
이[가] 있었다

+

a boy
한 소년

과거 시제

There will be
이[가] 있을 것이다

+

a problem
문제

미래 시제

『 like 뒤에는

'무엇을' 좋아하는지(목적어)가 필요해요. 』

She likes
그녀는 좋아한다

+

spaghetti
스파게티를

『 like 뒤에
목적어로 '～하기'를 넣을 수 있어요. 』

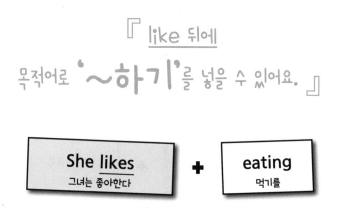

She likes
그녀는 좋아한다

+

eating
먹기를

• 위 문장에서 eating은 동명사예요.
동명사는 〈동사ing〉의 형태로, 동사로 만든 명사예요.
동사 eat (먹다) → 동명사 eating (먹기)

『 like 뒤에
목적어로 '~하는 것'을 넣을 수 있어요. 』

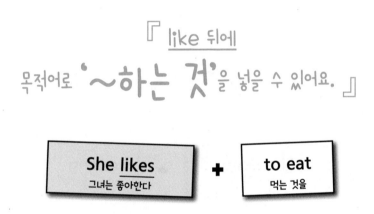

She likes	+	to eat
그녀는 좋아한다		먹는 것을

• 위 문장에서 to eat은 <u>부정사</u>예요.
<u>부정사</u>는 〈to + 동사〉의 형태로, 동사를 명사처럼 쓸 때 사용해요.
동사 eat (먹다) → 부정사 to eat (먹는 것)

『 <u>want 뒤에도</u>

'무엇을' 원하는지(목적어)가 필요해요. 』

She wants
그녀는 원한다

+

spaghetti
스파게티를

『 <u>want 뒤에</u>
목적어로 '~하는 것'을 넣을 수 있어요. 』

| She wants
그녀는 원한다 | **+** | to eat
먹는 것을 |

『 <u>want 뒤에는</u>
목적어로 '동사ing'를 쓸 수 없어요. 』

She wants 그녀는 원한다	**+**	**eating** 먹기를

『 want는
would like로 바꾸어 쓸 수 있어요. 』

| She wants 그녀는 원한다 | + | spaghetti 스파게티를 |

| She would like 그녀는 원한다 | + | spaghetti 스파게티를 |

- would like의 would는 조동사라 주어에 관계 없이 like는 원형을 써요.

『would like도 want와 같이

to + 동사를 목적어로 써요.』

She would like	+	to eat
그녀는 원한다		먹는 것을

❍ want처럼 would like 뒤에도 목적어로 〈동사ing〉를 쓸 수 없어요.

『 조동사 must는
have to로 바꾸어 쓸 수 있어요. 』

You must
너는 ~해야 한다

+

hurry
서두르다

You have to
너는 ~해야 한다

+

hurry
서두르다

『 have to의 have는 <u>일반동사의 규칙</u>에 따라,

주어가 3인칭 단수이면 has to로 써요. 』

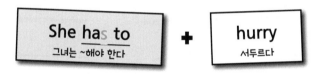

She has to
그녀는 ~해야 한다

+

hurry
서두르다

『 have to의 부정은 일반동사의 규칙에 따라,
have 앞에 **don't** 또는 **doesn't**를 써요. 』

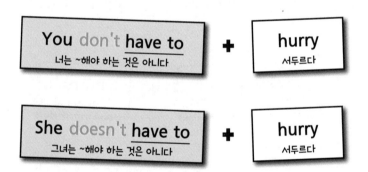

You don't have to		hurry
너는 ~해야 하는 것은 아니다	**+**	서두르다

She doesn't have to		hurry
그녀는 ~해야 하는 것은 아니다	**+**	서두르다

• don't/doesn't 뒤에는 주어에 상관없이 have to를 써요. (has to를 쓰지 않아요.)

『 must의 부정, <u>must not</u>은

‘**～하지 말아야 한다**’라는 의미예요. 』

You must not
너는 ~하지 말아야 한다

+

hurry
서두르다

『 have to의 부정, <u>don't have to</u>는
'~해야 하는 것은 아니다'라는
의미예요. 』

You don't have to
너는 ~해야 하는 것은 아니다

+

hurry
서두르다

주요 표현 5 have to

『 have to의 의문문은 <u>일반동사의 규칙에 따라</u>,

조동사 Do / Does를 문장 앞에 써요. 』

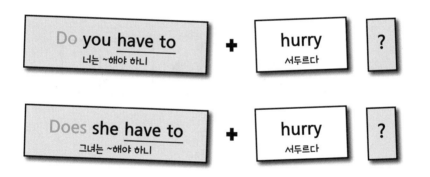

| Do **you have to** | + | hurry | ? |
| 너는 ~해야 하니 | | 서두르다 | |

| Does **she have to** | + | hurry | ? |
| 그녀는 ~해야 하니 | | 서두르다 | |

• 조동사 Do/Does 뒤에는 주어에 상관없이 have to를 써요. (has to를 쓰지 않아요.)

『 <u>영어의 명령문은</u> 동사원형으로 시작해요. 』

Leave	**+**	early
떠나라		일찍

○ 명령문 앞이나 뒤에 please(제발)를 붙이면, 정중하게 부탁하는 표현이 돼요.
Leave early, <u>please</u>. / <u>Please</u>, leave early. ((제발) 일찍 떠나세요.)

『 am / are / is를 쓰는 be동사의 명령문은

동사원형 Be로 시작해요. 』

Be ~이어라	+	careful 조심스러운

『'~하지 마세요'라고 할 때는,
문장 앞에 Don't를 붙이세요. 』

Don't **leave**
떠나지 마라

+

early
일찍

• 부정 명령문 앞이나 뒤에도 please(제발)를 붙이면, 정중하게 부탁하는 표현이 돼요.
Don't leave early, <u>please</u>. / <u>Please</u>, don't leave early. ((제발) 일찍 떠나지 마세요.)

『 be동사의 부정 명령문도

문장 앞에 Don't를 붙여요. 』

Don't **be**
~이지 마라

+

careful
조심스러운

『 영어의 청유문은 <u>동사원형</u> 앞에 Let's를 붙여요. 』

Let's **leave**
떠납시다

+

early
일찍

『 be동사 문장도 동사원형 be 앞에
Let's를 붙여요. 』

Let's **be**	+	careful
~입시다		조심스러운

『 '**~하지 맙시다**'라고 할 때는,
L̲e̲t̲'̲s̲ 뒤에 n̲o̲t̲을 붙이세요. 』

Let's not **leave** 떠나지 맙시다	**+**	**early** 일찍

『 be동사 문장도 동사원형 be 앞에
Let's not을 붙여요. 』

Let's not **be**
~이지 맙시다

+

careful
조심스러운

명사와 동사의 형태 변화를 참고하세요.

형태 변화

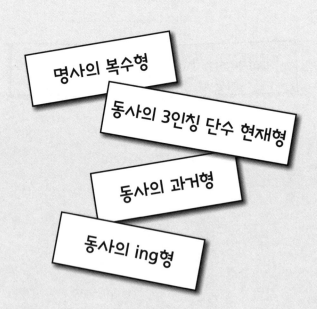

명사의 복수형

동사의 3인칭 단수 현재형

동사의 과거형

동사의 ing형

『 대부분의 복수 명사는 -s 를 붙여요. 』

desk (책상)　→　desks

idea (생각, 아이디어)　→　ideas

word (단어)　→　words

『 -s, -sh, -z, -x, -ch로 끝나는 명사는 -es를 붙여요. 』

dish (접시) → dishes

box (상자) → boxes

dress (드레스) → dresses

branch (나뭇가지) → branches

『 <u>자음 + -y</u>로 끝나는 명사는
y를 ies로 바꿔요. 』

city (도시)	→	cities
baby (아기)	→	babies
country (나라)	→	countries
lady (숙녀)	→	ladies
factory (공장)	→	factories

➲ <u>모음 + -y</u>의 경우에는 <u>그냥 -s만</u> 붙여요.

날 day → days

소년 boy → boys

장난감 toy → toys

『 -o로 끝나는 명사는 -es를 붙여요. 』

potato (감자)   →   potatoes

hero (영웅)   →   heroes

tomato (토마토)   →   tomatoes

motto (모토, 좌우명)   →   mottoes

○ -o로 끝나도 그냥 -s만 붙이는 명사도 있어요.
라디오 radio → radios
사진 photo → photos
피아노 piano → pianos

『 <u>-f</u>, <u>-fe</u>로 끝나는 명사는
f, fe를 **ves**로 바꿔요. 』

knife (칼)	→	knives
leaf (나뭇잎)	→	leaves
self (자신)	→	selves
half (절반, 반)	→	halves
life (생명, 삶)	→	lives

❍ <u>-f, -fe로 끝나도 그냥 -s만</u> 붙이는 명사도 있어요.
지붕 roof → roofs
우두머리 chief → chiefs
절벽 cliff → cliffs

『 -s가 붙지 않고
단어 자체가 변하는 명사의 복수형도 있어요. 』

man (남자) → men

woman (여자) → women

tooth (이, 이빨) → teeth

foot (발) → feet

child (아이) → children

mouse (쥐) → mice

『 단수와 복수의 **형태가 같은** 명사도 있어요. 』

sheep (양)　→　sheep

deer (사슴)　→　deer

fish (물고기)　→　fish

『 주어가 3인칭 단수(he, she, it, Tom, ...)일 때,

동사의 현재형은 **동사에 -s**를 붙여요. 』

like (좋아하다)	→	likes
want (원하다)	→	wants
enjoy (즐기다)	→	enjoys
help (돕다)	→	helps
speak (말하다)	→	speaks

『 명사의 복수형을 만들 때처럼,

동사가 <u>자음 + -y로 끝나면</u> y를 ies로 바꿔요. 』

study (공부하다)	→	studies
cry (울다)	→	cries
try (노력하다)	→	tries
fly (날다, 날리다)	→	flies
apply (지원하다)	→	applies

❍ <u>모음 + -y</u>의 경우에는 <u>그냥 -s만</u> 붙여요.

놀다 play → plays

머무르다 stay → stays

지불하다 pay → pays

『 -s, -sh, -x, -ch, -o로 끝나는 동사는
-es를 붙여요. 』

go (가다)   →   goes
do (하다)   →   does
fix (고치다, 고정시키다)   →   fixes
wash (씻다)   →   washes
watch (보다)   →   watches

『 주어가 3인칭 단수일 때,

have의 현재형은 has예요. 』

have (가지다, 먹다) → has

『 이미 끝난 일을 표현하기 위해서 <u>과거형</u>을 쓸 때,

동사를 **동사 + -ed**로 만들어요. 』

help (돕다)	→	help**ed**
work (일하다)	→	work**ed**
watch (보다)	→	watch**ed**
move (움직이다, 옮기다)	→	*move**d**
like (좋아하다)	→	*like**d**

* -e로 끝나는 동사는 그냥 -d만 붙여요.

『마지막 철자를 하나 더 추가하고
-ed를 붙이는 동사도 있어요.』

stop (멈추다)	→	stopped
drop (떨어뜨리다)	→	dropped
plan (계획하다)	→	planned

• 주로 동사가 '단모음 + 단자음'으로 끝나는 경우가 이에 해당해요.

『 자음 + -y로 끝나면 y를 ied로 바꿔요. 』

study (공부하다) → studied

cry (울다) → cried

try (노력하다) → tried

fly (날다, 날리다) → flied

apply (지원하다) → applied

➔ 모음 + -y의 경우에는 그냥 -ed만 붙여요.
놀다 play → played
머무르다 stay → stayed
즐기다 enjoy → enjoyed

형태 변화 **3** 동사의 과거형

『 -ed를 붙이지 않는, **불규칙 과거형**도 많아요. 』

be (~이다) → was / were

do (하다) → did

go (가다) → went

have (가지고 있다, 먹다) → had

buy (사다) → bought

come (오다) → came

see (보다) → saw

say (말하다) → said

find (찾다) → found

write (쓰다) → wrote

read (읽다) /뤼드/ → read /뤠드/

『 진행 중인 일을 표현하기 위해서,
동사를 <u>진행형</u>인 be + 동사ing 로 만들어요. 』

go (가다) → be going

work (일하다) → be working

watch (보다) → be watching

『 동사가 <u>자음 + -y</u>로 끝나도

그냥 ing를 붙여요. 』

study (공부하다)　　→　be studying

cry (울다)　　→　be crying

try (노력하다)　　→　be trying

『 동사가 -e로 끝나면,
e 삭제 후 ing를 붙여요. 』

come (오다) → be coming

live (살다) → be living

have (가지고 있다, 먹다) → be having

make (만들다) → be making

『 동사가 -ie로 끝나면,

ie 삭제 후 ying를 붙여요. 』

lie (거짓말하다) → be lying

tie (묶다) → be tying

die (죽다) → be dying

『 마지막 철자를 하나 더 추가하고
ing를 붙이는 동사도 있어요. 』

stop (멈추다)	→	be stopping
sit (앉다)	→	be sitting
swim (수영하다)	→	be swimming
plan (계획하다)	→	be planning
run (뛰다)	→	be running

• 주로 동사가 '단모음 + 단자음'으로 끝나는 경우,
마지막 자음을 하나 더 추가하고 -ing를 붙여요.

Congratulations~
일독을 축하합니다!!

가볍고, 빠르게 여러 번 읽으세요.

1회 일독	□
2회 일독	□
3회 일독	□
3회 이상	□

영어의 뼈와 살

지은이	라임
펴낸이	라임
ISBN	979-11-90347-00-6
라임	서울특별시 종로구 창경궁로 281, 401호
Lime	제 25100-2012-000061 호
	blog.naver.com/studio_lime
	studio_lime@naver.com
	(TEL) 070-8953-0717
	(FAX) 02-6008-0713